乳幼児保育における遊びの環境と援助

主体的な学びを導くために

佐野美奈 編著　小林みどり・田谷千江子・
奥井菜穂子・中山美佐 著

ナカニシヤ出版

はじめに

2017年の保育所保育指針や幼保連携型認定こども園保育・教育要領，幼稚園教育要領の改訂により，幼児期の終わりまでに育てたい10の姿が明示され，環境を通した幼児の主体的な学びが強調されるようになりました。幼児が自ら気づき，さまざまな環境にかかわって試行錯誤しながら創り出していく遊びへと導くために，私達大人は，どのような遊びの環境や援助を提供できるのでしょうか。

本書は，こうした問いに対する答えを模索し，保育原理に基づく主体的な学びを乳幼児期の遊びにどのように見出すことができるのかを改めて捉え直し，望ましい環境のあり方や保育者のかかわり方について検討することを目的としています。

第1章では，乳幼児期の遊びによる学びとは何かについて述べています。第2章では，乳幼児の発達に即した保育実践が，どのような保育・教育の中で行われているかを知るために，現行の保育・幼児教育の制度について概説しています。第3章では，保育指導計画の中で保育実践に期待される保育内容の例を挙げています。第4章では，保育実践において大切であると考えられる主体的な学びを導く環境について，第5章では，乳幼児の年齢別の発達に即した理解の仕方について述べています。第6章では，主体的な学びを導く保育者の援助について考察しています。第7章では，日常的に子育てを行う保護者への支援として行われている幼稚園でのカウンセリングの実態とその必要性について述べています。第8章では，第1章から第７章までの内容を踏まえて，乳幼児期に望ましい遊びの環境と保育者の援助について論じています。

これらを通して，保育者になることを目指す人たちに，乳幼児期の主体的な遊びとは何かを考え，乳幼児理解を踏まえて，日々の保育実践につながる活動内容について学ぶ手がかりとしていただくことができますと幸いです。

本書の作成にあたり，多大なご尽力を賜りましたナカニシヤ出版編集部の由浅啓吾様に，深く感謝申し上げます。

執筆者一同

目　次

第１章
乳幼児期の遊びによる学び

第１節　はじめに

遊びとは，その活動の過程自体が面白く，その行動をすること自体が目的となっている自発的な活動です。古典的な遊び理論を展開したとされるホイジンガ（1973）やカイヨワ（1990）らも，大きくは，自発的で非生産的な活動として，遊びを定義していました。諸説ある遊び理論の中でも，その活動をすることによって自己有能感を得るという「能力－効力説」や，最適な覚醒状況（興奮状態）を追求するための行動であるという「覚醒－追求説」が，現代の考え方であるとされています（エリス，1985）。

ところで，乳幼児は，「遊びを通して学ぶ」といわれますが，どのようなことを意味しているのでしょうか。たとえば，赤ん坊は，生まれたばかりの頃はあまり動けず，保護者にすべて世話してもらい，よく眠っていますが，１年後には，立って歩くことができるようになっています。そして，目新しいものに対して，見つめたり触ってみたり動かしたりなどし，身体全身を使った自発的な探索行動を活発に行うようになります（滝沢，1992）。乳児は，毎日，成長しているのです。私たちは，日々の生活の中で，目で何かを追視し，発声したり手足を動かしたりといった，原初的ですが自発的な乳児の動きや反応から，乳児の成長を知ることができます。

こうした乳幼児期の成長と発達の過程を表しているのが，その発達時期に特有の遊びなのです。本章では，乳幼児期に特有な遊びはどのようなものかについて考えます。発達的特徴による遊びの分類と教育的機能，保育・幼児教育思想における遊びに対する考え方について概観し，遊びによる主体的な学びとは何かについて考察します。

第２節　発達的特徴から捉える乳幼児期の遊びとは

■2-1　乳幼児期の遊びの分類について

乳幼児期の遊びについて，これまでにも多くの研究者によるさまざまなアプローチがなされてきました。その中でも特によく知られているのは，スイスの著名な心理学者，ピアジェ（Jean Piaget, 1896～1980）による認知的発達の側面から示された遊びの発達に関する理論です。ピアジェは，発達を段階的に捉え，4段階に分類しました。まず，誕生から2歳頃までを，感覚（聴覚，視覚，味覚，嗅覚，触覚）によって環境に働きかけ学ぶ時期である「感覚運動期」としました。次に，2歳から7歳頃までを，それまでの感覚運動をもとに，目の前にない事物を想像して考えたり行動したりできるようになる表象能力の発達が著しい時期である「前操作期」としました。続いて，7歳から11歳頃までを「具体的操作期」，11歳から15歳までを「形式的操作期」と分類しました。

私たちが主な学びの対象とするのは，「感覚運動期」と「前操作期」であり，ピアジェは，これらの乳幼児期の遊びを，「機能遊び」「構成遊び」「象徴遊び（役割演技遊び）」「ルールをともなう遊び」に

表 1-1　乳幼児期のピアジェによる遊びの分類

感覚運動期（誕生～２歳頃）	機能遊び	手に持った玩具を振ってその動きを見たり，鳴った音を聴いて喜んだりする感覚的な遊び
前操作期（２歳～７歳頃）	象徴遊び（役割演技遊び）	見立て遊び，何かのふりをする遊び，複数の幼児で行う役割演技
	構成遊び	砂場あそび，積み木やブロックを組み立てたり，粘土等で作ったりする遊び
	ルールをともなう遊び	鬼ごっこやドッジボール等，ルールのあることで成り立つ遊び

大別しています（Piaget, 1962）。ピアジェの認知発達に関する理論によれば，表 1-1 に示した通り，乳幼児は，「感覚運動期」に「機能遊び」を，「前操作期」には「構成遊び」「象徴遊び（役割演技遊び）」「ルールをともなう遊び」を，主に行っているということになります。

また，ドイツの心理学者，ビューラー（Karl Bühler, 1879～1963）は，心理的機能の視点から，「機能遊び」「虚構遊び」「受容遊び」「構成遊び」という遊びの分類を行っています（ビューラー, 1966）。「機能遊び」はピアジェの分類と同様ですが，「虚構遊び」とは，想像による遊びで，ピアジェの分類による「象徴遊び」に相当するものです。「受容遊び」とは，音楽やお話を聞いたり絵本を見たりする遊びであり，「構成遊び」は，砂や粘土，積み木等で何かを作ったり，絵を描いたりすることを指しています。

他方，乳幼児期の社会的発達の側面から，パーテン（Parten & Newhall, 1943）は，「一人遊び」「傍観者的遊び」「平行遊び」「連合遊び」「協同遊び」という遊びの分類を行っています。それによれば，

「一人遊び」はピアジェの分類の「機能遊び」に相当する１人で行う感覚機能を用いて楽しむ遊びと捉えられます。「傍観者的遊び」は，他児達の遊びの輪には入らずに傍観者的な参加をしている状態を指し，「平行遊び」は，複数の他児達と一緒に遊んでいるようでいて遊びのテーマが異なり，相互の遊びの内容に関するコミュニケーションがとられていない状態の遊びを指します。やがて，他児との相互作用はあっても組織化された活動の共有がない「連合遊び」から，集団で１つのテーマの遊びを行い，協同的に共有されている「協同遊び」へと発達していくというのです。

上記の遊びの分類でも示されているように，乳幼児期の遊びは，著しく変容し，日々成長していく乳幼児の発達過程を映し出す生活経験そのものであると捉えることができるでしょう。

■2-2　乳幼児期の遊びの教育的機能について

乳幼児期の遊びの分類を見てもわかるように，遊びは，乳幼児期の発達を促すものです。乳幼児期の遊びの主な教育的機能は，次の表 1-2 のようにまとめることができます。

表 1-2 に示した乳幼児期の遊びの教育的機能について，次に説明します。

「(1) 主体性や意欲を育てる」とは，主体的に環境にかかわろうとする乳児期からの意欲が遊びによって引き出され，その遊びが楽しいと感じることで，自発的に活動しようとする意欲が高められるということです。

「(2) 達成感や自己有能感を育てる」とは，次のようなことを意味します。乳幼児が，主体的に環境にかかわり，探索し，試行錯誤し

表 1-2　乳幼児期の遊びの教育的機能

(1)	主体性や意欲を育てる
(2)	達成感や自己有能感を育てる
(3)	心身の諸機能の発達を促す
(4)	認知的側面の発達を促す
(5)	感情や社会的側面の発達を促す
(6)	知識や技能の習得を促す

ながら何かを自分で発見したり，新たに何かできるようになったりすることで達成感を得ることができ，その積み重ねによって次第に自信をもち，より自己の有能感を追求しようとする自己有能感（コンピテンス）（ホワイト, 2015）が育っていくということです。このことにより，さらに新しいことに挑戦しようとしたり，未知のことを学んでみようとする意欲を促すことになり，その主体的な学びによって，ますます乳幼児の発達を促進することになります。

「(3) 心身の諸機能の発達を促す」とは，直接的な感覚的経験である遊びの過程を通して，乳幼児は楽しさや自分の可能性を感じて，より活動するようになり，運動機能や精神活動を高めていくということです。

「(4) 認知的側面の発達を促す」について，第 2 節 2-1 の遊びの分類にも示した通り，ピアジェは，乳幼児期の遊びを，認知的発達の視点から，「感覚運動遊び」「象徴遊び」「構成遊び」「ルールをともなう遊び」に分類しました。特に，乳幼児は，発達初期の感覚的機能を用いた遊びに基づき，盛んにふり遊びを行うようになります。眼前にないものを思い浮かべて想像を働かせることで，そこにないものがあるかのようにふるまい，象徴遊びを創り出していくことで，想像力の発達や言語習得が進み，思考力や創造力が培われます。

「(5) 感情や社会的側面の発達を促す」とは，次のようなことを指しています。乳幼児は，自分にいつもかかわってくれる母親や保護者と基本的な信頼関係を築くことで，情緒が安定し，安心して環境にかかわることができます。その経験を基に，保育園や幼稚園等の保育者とのかかわり，そして幼児同士のかかわりへと，社会化が進んでいきます。第2節2-1におけるパーテンによる遊びの分類に示したように，人とのかかわりが広がっていく過程で，人へのかかわり方，相手を思いやる心，他者理解，人に共感したり協調したりする社会性が培われます。また，遊びの中では，たとえば怪獣を倒すヒーローになるといった現実社会では満たされない願望を解放し解決することができるため，感情の安定と豊かさを育むこともできます。

「(6) 知識や技能の習得を促す」について，乳幼児期には，感覚的経験によって，日常生活の中のさまざまな事象に気づき，大人に質問したり，自ら探索行動を繰り返したりすることによって，自然に，発達に必要な知識や技能を習得していきます。さまざまな遊びの中で人とかかわり，試行錯誤や創意工夫の経験を積み重ねることで，物事に対処する柔軟な姿勢や問題解決能力が育まれます。

このように，乳幼児期の遊びには，多面的な発達を促す教育的機能があることがわかります。次に，保育・幼児教育の中で，乳幼児の遊びはどのように考えられているのかを見ていきます。

第３節　保育・幼児教育思想における遊びの捉え方

第３節では，第２節で概説した乳幼児期の遊びについて，保育・幼児教育の中でどのように捉えられているのかを考えるために，欧米や日本の主な歴史上の主な人物による保育・幼児教育思想にふれます。それから，乳幼児の遊びにおける主体的な学びとは何かについて考えます。

■3-1　欧米の保育・幼児教育思想に学ぶ乳幼児期の遊び

乳幼児期の遊びの捉え方について，さまざまな保育・幼児教育思想に学ぶことができます。ここでは，16 世紀以降の主な保育に影響を与えた主な歴史上の人物による欧米の保育・教育思想について，その概略を辿ってみましょう。

16 世紀から 17 世紀において，近代教育学の父といわれたチェコのコメニウス（Jan Amos Comenius, 1592～1670）は，その著書『大教授学』（1657）でも記しているように，乳幼児期には，その時期特有の発達に適したカリキュラムが必要であると考えていました。すべての知識は感覚的直観から始まるとして（コメニウス, 1965），遊びを中心とした教育を考え，実際的な技能，言語的な技能，感覚的な技能の教授法を示しました。

18 世紀初頭から 19 世紀中頃において，フランスの哲学者ルソー（Jean-Jacques Rousseau, 1712～1778）は，『社会契約論』（1762）の著者として知られていますが，同時期に，教育書『エミール』（1762）も著していました（ルソー, 1962～1964）。『エミール』を通して，ルソーは，12 歳までの子どもを感覚的生の段階にあるとし，身体の発育

（自然による教育）と事物による教育を中心に成長とすると捉え，子どもの個性や発達に応じた「消極教育」を提唱しました。ルソーの教育思想を継承したとされるスイスの教育実践家，教育学者のペスタロッチ（Johann Heinrich Pestalozzi, 1746〜1827）は，『隠者の夕暮』（1780）や『リーンハルトとゲルトルート』（1781〜1787）等を著し，感覚に訴え学びの促進を図る直観教授や家庭教育の重要性を強調しました（ペスタロッチ, 1993；1964）。ペスタロッチに師事したフレーベル（Friedrich Wilhelm August Fröbel, 1782〜1852）は，幼児教育の祖と称され，幼稚園の創始者として知られています。フレーベルは，その著書『人間の教育』（1826）からもわかるように，幼児には絶えず生成発展し創造的に活動する本性があるとして，遊びを中心とした教育を提唱しており，その教具として「恩物」を開発しました（フレーベル, 1964）。イギリスの実業家，オウエン（Robert Owen, 1771〜1858）は，労働者の生活改善や子どもの教育に尽力して，1840年に，幼稚園を創設しました。満1歳から歩けるようになれば幼児をすぐに収容したという「性格形成学院」が知られています。オウエンは，ペスタロッチと同様に，ルソーの影響を受けて，子ども中心の教育や直観教育を提唱しました。

19世紀後半から20世紀中頃において，イタリアの女性初の医師で教育者のモンテッソーリ（Maria Montessori, 1870〜1952）は，1907年，イタリアに「子どもの家」を開設し，イタールやセガンによる障害児教育に学んだ感覚教育を健常児に実践し，「整えられた環境」や幼児の「敏感期」に着目した自発的な活動を提唱しました（Montessori, 1964）。幼児期の「感覚訓練」やそのための感覚教具は，日本でもよく知られています。イギリスの保育学校の設立（中嶋, 2016）に貢献したマクミラン（Margaret McMillan, 1860～1931）は，野外保育学校や保育者養成学校の設立に尽力しました。マクミランは，『想像力による教育』（1904）を著し，幼児期に想像力の発達が著しいという発達的特徴を生かした保育内容の改善を提唱しました（McMillan, 1904）。また，アイザックス（Susan Isaacs, 1885～1948）は，イギリスのロンドン大学附属幼稚園での実践による観察記録より，幼児の想像力の発達と遊びにおける劇化に着目し，『幼児の知的発達』（1930）や『幼児の社会的発達』（1933）を著しました。スウェーデンのケイ（Ellen Key, 1849～1926）は，『児童の世紀』（1900）において，ルソーの教育思想に学んだ児童中心主義の教育思想を展開したことで知られています（ケイ, 1916）。アメリカ合衆国の教育学者，哲学者のデューイ（John Dewey, 1859～1952）は，シカゴ大学の実験学校での実践により，幼児期に発達が顕著である想像力の重要性を提唱しました（McLellan & Dewey, 1895）。子どもの日常生活経験による「なすことによって学ぶ」経験主義や幼稚園と小学校の教育の一貫性を重要視したことでよく知られています。

このように，主な欧米の保育・幼児教育思想において，遊びは乳幼児期の発達にとって重要であると考えられてきました。

■3-2　日本の保育・幼児教育思想に学ぶ乳幼児期の遊び

日本でも，保育・幼児教育思想は江戸時代から提唱されており，朱子学を学んだ貝原益軒《かいばらえきけん》（1630～1714）は，『和俗童子訓《わぞくどうじくん》』に保育・幼児教育の重要性を示していました（貝原, 1961）。幕末期には，農政学者などとして活躍しつつ，わが国で初めて保育施設の公費による設立を提唱した佐藤信淵《さとうのぶひろ》（1769～1850）がいました（藤田, 2015）。

明治時代には，近藤真琴《こんどうまこと》（1831〜1886）が，日本で初めて海外の幼児教育について述べた『博覧会見聞録別記　子育ての巻』の著者としてフレーベルの幼稚園を紹介しました（太田, 2017）。1876年（明治9年）に最初の幼稚園として設立された東京女子師範学校附属幼稚園において，関信三《せきしんぞう》は，その著『幼稚園法二十遊嬉』（1879）（岡田, 1977）によって，恩物を通した遊戯の重要性を提唱しました。

また，筧雄平《かけいゆうへい》（1842〜1916）は，繁忙期の農家のため託児所を開設し（岡部, 1970），渡辺嘉重《わたなべよししげ》（1858〜1937）は，子守をする児童のための子守学校を開設し，保育実践も行いました（金子, 2018）。野口幽香《のぐちゆか》（1866〜1950）は，日本最初の貧民のための保育所二葉幼稚園を創設し，大正時代には母の家（母子寮）を設置して，保育実践に尽力しました（松本, 2007）。城戸幡太郎《きどまんたろう》（1893〜1985）は，知的障害児の知能構造や教育の研究に携わり，保育には「社会的訓練」が必要であるとし，『幼児の教育』（1950）や『幼児教育への道』（1980）を著しました（田岡, 2017）。

このように，保育・幼児教育の重要性を示す思想や実践が提示されてきました。中でも，東基吉《ひがしもときち》（1872〜1958）（東, 1979），中村五六《ごろく》（1860〜1946）（中村, 1898），和田実《わだみのる》（1876〜1954）（中村・和田, 1908）らによる子ども中心主義の保育・幼児教育思想の流れを継承した倉橋《くらはし》惣三《そうぞう》（1882〜1955）は，乳幼児期の遊びの重要性を指摘し，理論と実践を展開して，明治時代から昭和時代まで活躍しました。

倉橋惣三は，欧米の保育・教育思想に学び影響を受けたことを「就学前の教育」（1934）で著し，フレーベルの教育思想を導入した東京女子高等師範学校の附属幼稚園の保育実践に携わり，『育ての心』（1936），『幼稚園真諦』（1934；倉橋, 1965a）等を著しました。倉橋は，幼児の自発的な遊びや意欲を引き出す「誘導保育」を提唱しました。その考えには，幼稚園には設備によって保育する目的もあり，設備の背後には，保育者の教育的目的があるという「間接教育」が重要視されました。つまり，環境によって幼児の自発的な遊びが生じ，その中で主体的な学びが進むということです。この考え方は，今日の保育における「環境」の役割に相当するものであり，本書が目指す主体的な学びを導く環境と援助についての本質を問うものでもあります。倉橋は，「就学前の教育」（倉橋, 1965b）の中で，「環境はものの興味によって，その方面に生活を誘発し，ものの配置によって，その形態に幼児の生活を誘導する。理由によらず，力によらず，ものによるが故に自発性を損なわれない。しかして，そのものの背後には教育者の意図があり，意図を直接に行わざる意味において，間接教育ということもできる。（倉橋, 1965b：432)」と述べています。そのために，「幼児生活の誘導」（倉橋, 2008：58）を行い，生活に系統的なまとまりが得られるように，幼児の生活の質的な発展に努めるべきだというのです。まず，幼児の興味に即した主題から保育案が提示され，次に生活の主題から多様な保育内容が導かれるのだという考え方です。

■3-3　保育・幼児教育思想における遊びとは

第3節3-1と3-2に述べたように，保育・幼児教育思想の系譜を辿ってみると，幼児の自発性を尊重し，遊びを中心とした活動が整えられた環境の中で行われることが望ましいという考え方が，今日の保育・幼児教育の理念につながっていることがわかります。

第3節3-2に述べた通り，欧米の保育・幼児教育思想に学んだ倉橋惣三は，幼児の生活をあるがままに尊重して，十分に生活できるように環境を構成することが，幼稚園教育の基盤であると考えていました。また，幼児の主体的な活動を「誘導保育」によって引き出し，自己充実させ，「教導」していくことで，幼児が自ら成長していくことが理想であると考えていたのです。

このように，主な保育・幼児教育思想における遊びは，乳幼児期に特有の発達的特徴に即して，乳幼児を中心とした保育・幼児教育において生じる自発的な遊びであると捉えることができます。

第４節　乳幼児期の遊びによる主体的な学び

乳幼児期の主体的な学びとは，第２節で発達的特徴による遊びの分類について示したように，乳幼児の実態に合った適切な環境との相互作用によって，自発的な遊びの中で生じるものです。環境の重要性については，第３節で取り上げた保育・幼児教育思想の示す理念からもわかります。

また，第２章に後述の「保育所保育指針」「幼稚園教育要領」および「幼保連携型認定こども園　教育・保育要領」には，共通して，幼児期の特性を踏まえた発達の目標が掲げられています。幼児の自発性が，「遊びや生活」の中で育まれることが期待されています。幼児が環境に積極的にかかわる中で思考力の発達が促され，友達とかかわる中で人に対する思いやりや道徳性が培われ，言葉の発達等が獲得されていくと考えられています。特に，乳児期および満１歳以上３歳未満児については，人や物による適切な環境構成によって，乳幼児が本質的にもっている成長しようとする力が引き出され，調和のとれた発達へと導かれていく過程において，主体的な学びが，遊びを通して得られていくのです。

そこで，第２章と第３章では，乳幼児期の遊びによる主体的な学びを実現するために，どのような保育・幼児教育制度がとられ，保育実践の内容や計画が目指されているかについて考えていきます。

【引用・参考文献】

エリス, M. J.／森　楙・田中亨胤・大塚忠剛［訳］(1985).『人間はなぜ遊ぶか――遊びの総合理論』黎明書房.

太田素子 (2017).「〈家と村の子育て〉からの離陸――幕末維新期における子育て・保育の改革構想」『幼児教育史研究』12, 43-58.

岡田正章 (1977).『明治保育文献集　第二巻』日本らいぶらり.

岡部　茂 (1970).「筧雄平について (二) ――筧雄平の保育事業 (その一)」『幼児の教育』69(5), 47-54.

貝原益軒／石川　謙［校訂］(1961).『和俗童子訓』岩波書店.

カイヨワ, R.／多田道太郎・塚崎幹夫［訳］(1990).『遊びと人間』講談社.

金子晃之 (2018).「日本幼児教育史再考――明治の幼稚園黎明期について」『桜花学園大学保育学部研究紀要』17, 201-209.

倉橋惣三 (1934).『幼稚園保育法真諦』東洋図書.

倉橋惣三 (1936).『育ての心』刀江書院.

倉橋惣三 (1965a).「幼稚園真諦」『倉橋惣三選集　第二巻』フレーベル館.

倉橋惣三 (1965b).「就学前の教育」『倉橋惣三選集　第三巻』フレーベル館.

倉橋惣三／柴崎正行［解説］(2008).『幼稚園真諦』フレーベル館.

ケイ, E.／原田　実［訳］(1916).『児童の世紀』大同館.

コメニウス, J. A.／稲富栄次郎［訳］(1965).『大教授学』玉川大学出版部.

近藤真琴 (1886).『博覧会見聞録別記――子育の巻』有隣堂.

城戸幡太郎 (1950).『幼児の教育』福村書店.

城戸幡太郎 (1980).『幼児教育への道』フレーベル館.

田岡昌大（2017）.「戦後における城戸幡太郎の幼児教育論――『幼児教育論』以後の異同について」『子ども発達臨床研究』9, 1–12.

滝沢武久（1992）.『ピアジェ理論の展開――現代教育への視座』国土社.

中嶋一恵（2016）.「20 世紀初頭イギリスにおけるマクミランの保育学校の特質と意義に関する研究」『保育学研究』54(1), 18–29.

中村五六（1898）.「幼稚園に於ける幼児観察の一班（承前）」『教育実験界』2(10), 27–29.

中村五六・和田　實（1908）.『幼児教育法』フレーベル會.

東　基吉（1979）.「婦人と子ども（幼児の教育の前身）創刊当時のこどもと其頃の幼稚園の状況に就いて」『幼児の教育 別巻』50(11), 18–31.

ビューラー, K.／原田　茂［訳］（1966）.『幼児の精神発達』協同出版.

藤田博子（2015）.「佐藤信淵の保育施設構想への着眼と展開」『大阪芸術大学短期大学部紀要』39, 157–175.

フレーベル, F. W. A.／荒井　武［訳］（1964）.『人間の教育』岩波書店.

ペスタロッチ, J. H.／田尾一一［訳］（1964）.『ペスタロッチ全集　第四巻　リーンハルトとゲルトルート』玉川大学出版部.

ペスタロッチ, J. H.／長田　新［訳］（1993）.『隠者の夕暮・シュタンツだより』岩波書店.

ホイジンガ, J.／高橋英夫［訳］（1973）.『ホモ・ルーデンス』中央公論社.

ホワイト, R. W.／佐柳信男［訳］（2015）.『モチベーション再考――コンピテンス概念の提唱』新曜社.

松本園子（2007）.「野口幽香と二葉幼稚園（1）先行研究の検討」『淑徳短期大学研究紀要』46, 117–129.

ルソー, J. -J.／今野一雄［訳］（1962–1964）.『エミール』（上・中・下）岩波書店.

Isaacs, S. (1930). *Intellectual Growth in Young Children*, London: Routledge & Kegan Paul Ltd.

Isaacs, S. (1933). *Social Development in Young Children*, London: Routledge & Kegan Paul Ltd.

McLellan, J. A., & Dewey, J. (1895). *The Psychology of Number and its Applications to Methods of Teaching Arithmetic*, New York: D. Appleton.

McMillan, M. (1904). *Education through the Imagination*, London: Swan

Sonnenschein.
Montessori, M. (1964). *Spontaneous Activity in Education*, Cambridge, Mass.: Robert Bentley.
Parten, M., & Newhall, S. M. (1943). Social behavior of preschool children. In R. G. Baker, J. S. Kounin, & H. F. Wright (Eds.), C*hild Behavior and Development: a course of representative studies*, New York; London: McGrow-Hill. pp.509–525.
Piaget, J. (1962). *Play, Dreams, and Imitation in Childhood* (C. Gattegno, & F. M. Hodgson, Trans.), London: Routledge & Kegan Paul Ltd. (Original work published 1945).

第2章
現行の保育・幼児教育の制度

第1節　日本の保育・幼児教育の制度変遷と特徴

2017年の「幼稚園教育要領」「保育所保育指針」「幼保連携型認定こども園教育・保育要領」の改訂（定）により，幼稚園，保育所，認定こども園がすべて「幼児教育を行う施設」であることが明記されました。

日本では，第二次世界大戦後，1947（昭和22）年3月成立の「学校教育法」により幼稚園が学校として，同年12月成立の「児童福祉法」により保育所が児童福祉施設として，制度化されました。制度成立後「幼稚園」「保育所」ともに急速に普及し，幼稚園は3～5歳児が1日4時間程度の教育を受ける教育施設，保育所は「保育に欠ける」子どもが0歳から利用できる福祉施設として，二元的な制度が採られてきました。

1950年代後半から1970年代にかけて，日本は高度経済成長を遂げます。女性の社会進出が進み，核家族化により，子どもや子育ての環境も変化しました。

日本の子ども人口は，1982年を境に減少し続けています（図2-1）。子どもの割合（総人口に占める15歳未満の子どもの割合）は，1950年代には総人口の3分の1を超えていましたが，第1次ベビーブーム（1947年～1949年）の後，出生数の減少（図2-2）を反映して低下を続

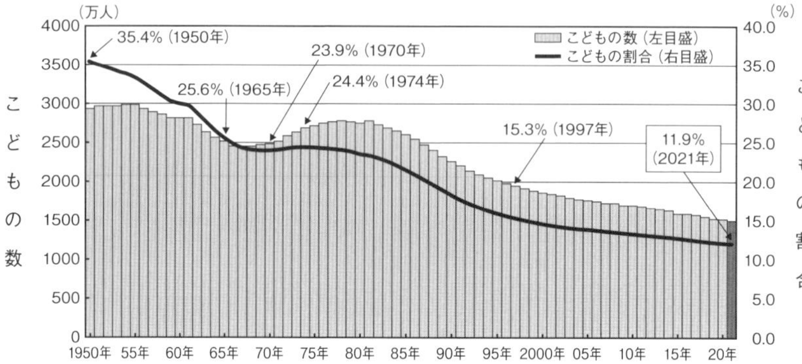

資料：「国勢調査」及び「人口推移」

注）2020年及び2021年は4月1日現在，その他は10月1日現在

図 2-1　子どもの数および割合の推移（総務省，2021）

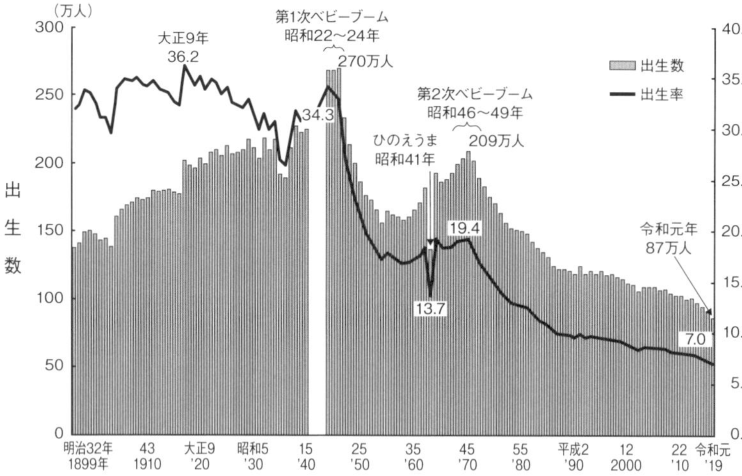

図 2-2　出生数・出生率の年次推移（厚生労働省，2021）

け，1965 年には総人口の 4 分の 1 となりました。その後，第 2 次ベビーブーム（1971 年〜1974 年）の出生数の増加によってわずかに上昇しましたが，子どもの割合は 1975 年から低下を続け，現在の子どもの割合は総人口の 9 分の 1 程度となっています。

1989（平成元）年の合計特殊出生率が 1.57 となったいわゆる「1.57 ショック」以降，出生率の低下と子どもの数の減少を政府が問題として認識するようになり，1994（平成 6）年に策定された「エンゼルプラン」を始めとして，さまざまな「少子化対策」が打ち出されることとなりました。しかし，少子化に歯止めはかからず，2005（平成 17）年には，合計特殊出生率が 1.26 まで低下しました。

核家族化や女性の就労に加え，少子化や待機児童問題などを受け，幼稚園にも子育て支援や長時間保育が求められるようになりました。文部科学省は，幼稚園に対し，1995 年から子育て支援事業，1997 年から「預かり保育」を推進します。

そのような中，2006（平成 18）年に「認定こども園」の制度が始まりました。「認定こども園」の制度は，当初，幼稚園は文部科学省，保育所は厚生労働省という二元化行政を改め一元化することが目指されましたが，施設設備や職員配置の基準等の課題を調整することが難しく，日本の保育制度は，未だ一元化には至っていません。認定こども園は，就学前の子どもに対して，保護者の就労の有無などに関係なく保育・幼児教育を行う施設です。幼稚園と保育所という二元的な制度を前提としながら，施設の一体化を目指すこととなりました。現在，日本の主な保育施設は，「保育所」「幼稚園」「認定こども園」という 3 つの制度が混在する現状となっています。

2015（平成 27）年から「子ども・子育て支援新制度」が始まりま

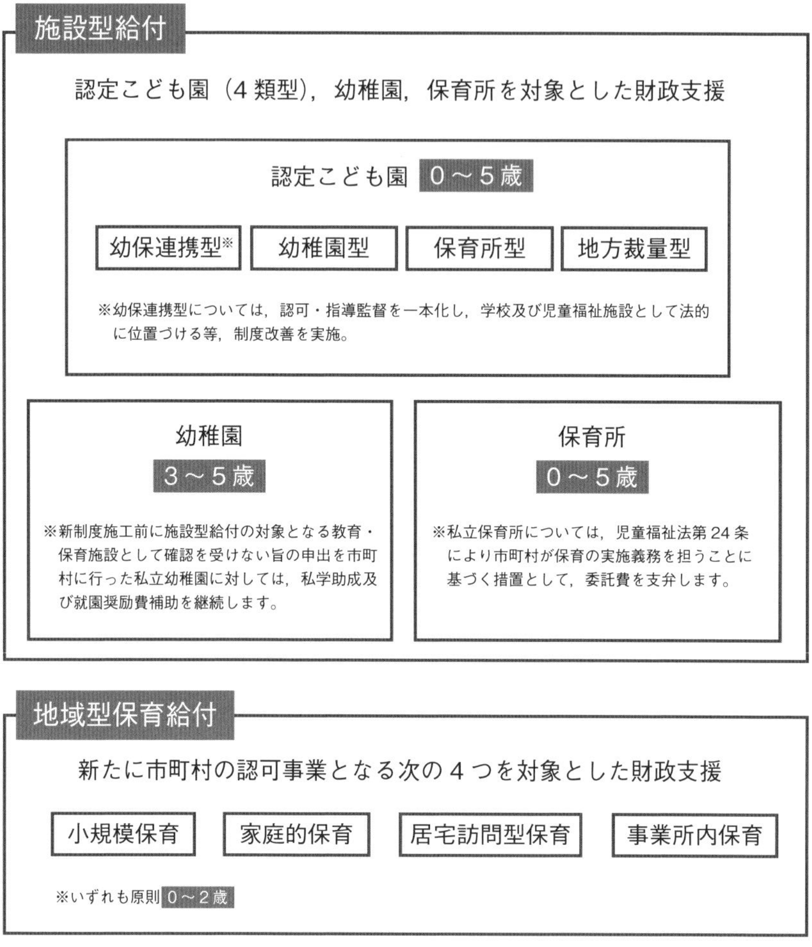

図 2-3　さまざまな保育の場（内閣府・文部科学省・厚生労働省（2015）より作成）

した。これは，2012（平成 24）年に成立した，いわゆる子ども・子育て関連 3 法に基づく制度です。「子ども・子育て関連 3 法」は，「子ども・子育て支援法」「就学前の子どもに関する教育，保育等の総合的な提供の推進に関する法律の一部を改正する法律」「子ども・子育て支援法及び就学前の子どもに関する教育，保育等の総合的な提供の推進に関する法律の一部を改正する法律の施行に伴う関係法律の整備等に関する法律」の３つの法律を指します。現在，日本の保育は「子ども・子育て支援新制度」（以下，新制度）を中心に実施されています。

新制度では，少子化と待機児童問題を解決することを目指して，保育・幼児教育施設が多様化することとなりました（内閣府・文部科学省・厚生労働省，2015：3）。０～２歳児の子どもを預かる，小規模保育，居宅訪問型保育，家庭的保育などを新設されたことも特徴の一つです。2017（平成29）年には，企業主導型保育が導入され，さらに保育の受け皿が拡大しました。

さらに，新制度では，実施主体を市町村とし，市町村の役割が拡大されたことも特徴の一つです。地域の実情等に応じて，子ども・子育て支援事業計画を作成し，保育・幼児教育，地域の子ども・子育て支援に必要な給付や事業を実施するなど，地域のニーズに合わせた保育サービスが提供できる制度となっています。

０～５歳児の受け入れが可能で幼稚園と保育所の機能を併せもつ「幼保連携型」の認定こども園では，「幼保連携型認定こども園教育・保育要領」が適用され，保育士と幼稚園教諭の両方の免許をもつ保育教諭が配置され，少しずつ「一体化」が進んでいます。

文部科学省が「学校教育法」に基づき幼稚園を所管し，厚生労働省が「児童福祉法」に基づき保育所を所管しています。幼保連携型認定こども園は，内閣府，文部科学省，厚生労働省の所管となり，保育・幼児教育施設の多様化の一方で，行政と施設の関係も複雑になっているのが現状です。

次の節から，保育・幼児教育を担う施設である，保育所，幼稚園，認定こども園のそれぞれの役割をみていきましょう。

第2節　保育所

■2-1　保育所とは

保育所は「児童福祉法」第39条に定められた児童福祉施設のひとつで，厚生労働省が管轄しています。市区町村の条例や法人の使用する名称には「保育園」とする場合もありますが，「保育園」は通称とされており，法律上の名称は「保育所」です。

フランスのオーベルラン（Johann Friedrich Oberlin, 1740〜1826）が1779年に作った幼児保護所が世界で最初の託児施設であるといわれています。日本の保育所の始まりは，1890（明治23）年に赤沢鐘美・なか夫妻が新潟静修学校に開設した託児所であるといわれています。

「児童福祉法」は，保育所を「保育を必要とする乳児・幼児を日々保護者の下から通わせて保育を行うことを目的とする施設とする」（第39条第1項）と規定しています。

保育所は，保育を必要とする乳幼児およびその他の児童を保育す

表2-1　「児童福祉法」　第39条

第39条 保育所は，保育を必要とする乳児・幼児を日々保護者の下から通わせて保育を行うことを目的とする施設（利用定員が二十人以上であるものに限り，幼保連携型認定こども園を除く。）とする。 ② 保育所は，前項の規定にかかわらず，特に必要があるときは，保育を必要とするその他の児童を日々保護者の下から通わせて保育することができる。

ることを目的とした施設です。保育所への入所は，各市町村が定める基準により，保護者が働いているなど「保育を必要とする」と認められることを条件としています。

保育所では，保育士資格を有する職員が0歳から就学前までの子どもの保育を行っています。保育内容の基準は「保育所保育指針」，施設設備については「児童福祉施設の設備及び運営に関する基準」に定められていて，基準を満たして認可を得た保育所を認可保育所と呼びます。

保育時間や年齢ごとの子どもと保育士の人数などについては「児童福祉施設の設備及び運営に関する基準」に示されています。保育所の保育時間は，1日8時間を原則としており，この時間を越えた保育時間は，延長保育として提供されています。保育時間は，保育所や自治体によって異なりますが，一般的に7時から19時までのところが多くなっています。

■2-2　保育所の特性①：子どもの保育と子育て支援

「保育所保育指針」（厚生労働省, 2017）によれば，保育所の目的は「保育を必要とする子どもの保育を行い，その健全な心身の発達を図ること」（第1章1（1）ア）です。また，保育の目標として2つのことが書かれています。1つめは，「子どもが現在を最も良く生き，望ましい未来をつくり出す力の基礎を培う」（第1章総則1（2）ア）こと，2つめは「入所する子どもの保護者に対し，その意向を受け止め，子どもと保護者の安定した関係に配慮し，保育所の特性や保育士等の専門性を生かして，その援助に当たらなければならない」（第1章1（2）イ）とされています。

現在，保育所には，子どもの保育とともに，子どもの保護者や地域の子育て家庭に対する子育て支援をすることも求められています。

■2-3　保育所の特性②：養護と教育の一体的な展開

保育所における保育は，乳児期から，子どもが一日の大半の時間を生活する所でことから，養護と教育が一体となって豊かな人間性をもった子どもを育成するという特色があります。保育における「養護」とは，「子どもたちの生命を保持し，その情緒の安定を図るための保育士等による細やかな配慮の下での援助やかかわりを総称するもの」（厚生労働省, 2018：15）です。「保育指針」には，生命や健康の保持，情緒の安定，食事や排泄などの基本的生活習慣の確立など項目が詳細に記述されています。養護と教育を一体的に展開するということは，「保育士等が子どもを一人の人間として尊重し，その命を守り，情緒の安定を図りつつ，乳幼児期にふさわしい経験が積み重ねられていくよう丁寧に援助すること」（厚生労働省, 2018：15）を指します。

■2-4　保育所の課題

近年，保護者の労働環境に応じて，早朝保育，延長保育，夜間保育，病児・病後児保育，盆休みや年末年始の開所などが求められており，保育時間が長期化・長時間化する傾向があります。また，待機児童が都市部を中心に多数存在しています。待機児童の多くは，0,1,2歳児です。乳児保育，3歳未満児の保育の充実が求められます。

第3節　幼稚園

■3-1　幼稚園とは

幼稚園は，「学校教育法」に定められた学校で，文部科学省が管轄しています。

19世紀半ば，ドイツのフレーベル（Friedrich Wilhelm August Fröbel, 1782～1852）が創設した施設に「Kindergarten」と名付けたのが世界で最初の幼稚園といわれています。日本では，1876（明治9）年に開設された東京女子師範学校附属幼稚園が最初とされています。

「学校教育法」では，幼稚園の目的を「幼稚園は，義務教育及びその後の教育の基礎を培うものとして，幼児を保育し，幼児の健やかな成長のために適当な環境を与えて，その心身の発達を助長すること」（「学校教育法」第22条）とし，満3歳以上の幼児に対し保育を行う（「学校教育法」第26条）と定めています。

最近では，年度の途中で満3歳を迎えた子どもを受け入れる満3歳児保育や，一部の2歳児も受け入れて保育を行っている幼稚園も増えてきているのが現状となっています。

1クラスあたりの幼児数は35人以下で，幼稚園教諭普通免許状をもつ教諭が保育を行います。保育内容の基準は「幼稚園教育要

表2-2　「学校教育法」第22条，26条

第22条 幼稚園は，義務教育及びその後の教育の基礎を培うものとして，幼児を保育し，幼児の健やかな成長のために適当な環境を与えて，その心身の発達を助長することを目的とする。
第26条 幼稚園に入園することのできる者は，満三歳から，小学校就学の始期に達するまでの幼児とする。

表 2-3 「幼稚園教育要領」第 1 章総則　第 1　幼稚園教育の基本

（文部科学省, 2017，強調は筆者）

> 幼児期の教育は，生涯にわたる**人格形成の基礎を培う重要なもの**であり，幼稚園教育は，学校教育法に規定する目的及び目標を達成するため，幼児期の特性を踏まえ，環境を通して行うものであることを基本とする。

領」（文部科学省, 2017），施設設備については「幼稚園設置基準」に定められています。

保育時間は「4 時間を標準」（「幼稚園教育要領」第 1 章第 3 3（3））としていますが，教育課程に係る教育時間の時間外に行う教育活動として位置付けられている「預かり保育」が，現在，多くの幼稚園で行われています。また，未就園児など在園児以外の子どもに遊びの場を提供したり，子育てなど保護者の相談を受けたりするといった「子育て支援」も行われています。

■3-2　幼稚園における保育①：環境を通して行う保育

「学校教育法」第 22 条には，幼稚園は「幼児を保育」するところであることが明記されています。「保育」という言葉は，乳幼児期には，小学校以降の教育とは異なるふさわしい学び方があることを示して用いられており，「養護」や「教育」を含んだ多様な概念をもつものです。

幼稚園における保育は，「人格形成の基礎を培う重要なもの」です。併せて「環境を通して行う」ことを基本としています。

また，幼稚園教育の基本に関連して重視する事項として，次の 3 つを挙げています（「幼稚園教育要領」第 1 章第 1，文部科学省, 2017，強調は筆者）。

このため教師は，幼児との信頼関係を十分に築き，幼児が身近な環境に主体的に関わり，環境との関わり方や意味に気付き，これらを取り込もうとして，試行錯誤したり，考えたりするようになる幼児期の教育における見方・考え方を生かし，幼児と共によりよい教育環境を創造するように努めるものとする。これらを踏まえ，次に示す事項を重視して教育を行わなければならない。

1　幼児は安定した情緒の下で自己を十分に発揮することにより発達に必要な体験を得ていくものであることを考慮して，幼児の主体的な活動を促し，幼児期にふさわしい生活が展開されるようにすること。

2　幼児の自発的な活動としての遊びは，心身の調和のとれた発達の基礎を培う重要な学習であることを考慮して，遊びを通しての指導を中心として第２章に示すねらいが総合的に達成されるようにすること。

3　幼児の発達は，心身の諸側面が相互に関連し合い，多様な経過をたどって成し遂げられていくものであること，また，幼児の生活経験がそれぞれ異なることなどを考慮して，幼児一人一人の特性に応じ，発達の課題に即した指導を行うようにすること。

子どもが主体的に環境とかかわり，さまざまな体験を通して総合的に学ぶことができるように，「遊び」を通して保育を展開していくことが大切です。保育は「環境を通して行う」ことを基本とするということは，保育所や認定こども園においても同様です。また，幼稚園においても，保育者との信頼関係を基に「安定した情緒の下で」遊びや生活を展開していくという「養護」の視点が重要であることはいうまでもありません。

■3-3　幼稚園における保育②：育みたい資質・能力

「幼稚園教育要領」等では，幼児期において「育みたい資質・能力」を次のように示しています（「幼稚園教育要領」第1章第2，文部科学省, 2017）。

- 豊かな体験を通じて，感じたり，気付いたり，分かったり，できるようになったりする「知識及び技能の基礎」
- 気付いたことや，できるようになったことなどを使い，考えたり，試したり，工夫したり，表現したりする「思考力，判断力，表現力等の基礎」
- 心情，意欲，態度が育つ中で，よりよい生活を営もうとする「学びに向かう力，人間性等」

「育みたい資質・能力」については，「保育所保育指針」（厚生労働省, 2017）や「幼保連携型認定こども園教育・保育要領」（内閣府・文部科学省・厚生労働省, 2017）にも，同じ内容で書かれています。「幼稚園教育要領解説」では，「育みたい資質・能力」を「幼稚園教育の基本を踏まえ，小学校以降の子供の発達を見通しながら教育活動を展開」すること，「ねらい及び内容に基づき，各幼稚園が幼児の発達の実情や幼児の興味や関心等を踏まえながら展開する活動全体によって育むもの」としています（文部科学省, 2018：50–51）。幼稚園等の保育を通して，知識や技能を身につけることはもちろんのこと，考えたり，試したり，工夫したりしながら問題や課題を乗り越えていく力や，面白いと思ったことや興味をもったことをさらに学んでいこうとする態度や力を身につけることが求められています。

■3-4　幼稚園の課題

2022（令和4）年度の幼稚園数は9,111園（国立49園，公立2,910園，私立6,152園）で，前年度より307園減少しています。また，在園児数は92万3,295人で，前年度より8万5520人減少しています。一方で，幼保連携型認定こども園数は6,657園で388園の増加，在園児数は82万1,411人で2万4,529人の増加となっています（文部科学省, 2022）。幼稚園は，園数および在園児数が減少傾向にあります。

背景として，少子化や共働き家庭の増加により，乳児から預けることができる保育所や認定こども園のニーズが高まっていることがあります。前項で，幼稚園においても「預かり保育」や保護者への「子育て支援」を行っていることに触れているように，幼稚園においても長時間の保育を行うことが当たり前になってきています。また，地域の子育て家庭を含めて支えていくような，子育て支援のセンターとしての役割も求められています。

表2-4「就学前の子どもに関する教育，保育の総合的な提供の推進に関する法律」第1条（強調は筆者）

第1条　この法律は，幼児期の教育及び保育が生涯にわたる人格形成の基礎を培う重要なものであること並びに我が国における急速な少子化の進行並びに家庭及び地域を取り巻く環境の変化に伴い小学校就学前の子どもの教育及び保育に対する需要が多様なものとなっていることに鑑み，地域における創意工夫を生かしつつ，**小学校就学前の子どもに対する教育及び保育**並びに**保護者に対する子育て支援**の総合的な提供を推進するための措置を講じ，もって地域において子どもが健やかに育成される環境の整備に資することを目的とする。

第４節　認定こども園

■4-1　認定こども園とは

待機児童や少子化，働きながら子育てをする家庭が増えたことなどにより，多様化した保育のニーズに応えるために，2006（平成18）年に法律（「就学前の子どもに関する教育，保育等の総合的な提供の推進に関する法律」いわゆる「認定こども園法」）が制定され，保育所と幼稚園の両方の機能を備えた施設として創設されました。認定こども園は，①就学前の子どもに対する教育および保育を一体的に提供する ②保護者に対する子育て支援を行う，という２点を主な目的とし，形態として「幼保連携型」「幼稚園型」「保育所型」「地方裁量型」の４つに分けられています（表2-5）。保護者の就労の有無にかかわらず，同じ施設に子どもを預けることができ，子どもが認定された号数によって，受けられる教育・保育や保育時間が区分されています。

表2-5　認定こども園の形態と特徴（内閣府HP「認定こども園概要」〈https://www8.cao.go.jp/shoushi/kodomoen/gaiyou.html（最終確認日：2023年３月20日）〉）

	幼保連携型	幼稚園型	保育所型	地方裁量型
特　徴	幼稚園的機能と保育所的機能の両方の機能をあわせ持つ単一の施設として、認定こども園としての機能を果たすタイプ。	認可幼稚園が，保育が必要な子どものための保育時間を確保するなど，保育所的な機能を備えて認定こども園としての機能を果たすタイプ。	認可保育所が，保育が必要な子ども以外の子どもも受け入れるなど，幼稚園的な機能を備えることで認定こども園としての機能を果たすタイプ。	幼稚園・保育所いずれの認可もない地域の教育・保育施設が，認定こども園として必要な機能を果たすタイプ。

認定こども園の保育内容は，幼稚園型では「幼稚園教育要領」，保育所型では「保育所保育指針」，幼保連携型では「幼保連携型認定こども園教育・保育要領」を基準として行われます。

■4-2　認定こども園の保育

2015（平成27）年の子ども・子育て新制度の施行以来，特に幼保連携型認定こども園の園数が増加傾向にあります。幼保連携型認定こども園では，満3歳以上の子どもは「保育を必要とするか」どうかにかかわらず保育を受けることができます。そのため，保護者の生活形態によって，在園時間の長短や，入園時期，登園日数などに違いがあり，子どもの生活や体験に差異が生じる場合があります。「幼保連携型認定こども園教育・保育要領解説」には，「保護者を含め大人の利益が優先されることのないよう，入園する子どもの最善の利益を守り，幼保連携型認定こども園が園児一人一人にとって心身ともに健やかに育つためにふさわしい生活の場であることが大切である」と書かれています（内閣府・文部科学省・厚生労働省, 2018：17）。また，満3歳未満の子どもへの保育はもちろんのこと，一時保育や延長保育など，一人ひとりの子どもや保護者に応じた「子育て支援」が義務づけられていることも特徴として挙げられます。

幼保連携型認定こども園の保育は，幼稚園教諭免許状と保育士資格の両方を有する保育教諭が保育を行うこととされています。

第５節　地域型保育

保育は，家庭や，保育所，幼稚園，認定こども園などの保育施設以外にも，さまざまなニーズに応じた場で行われています。子ども・子育て新制度では，市町村による認可事業として「地域型保育」が位置づけられました。これまで認可外として運営していた保育施設においても，市町村の認可を受けることで，財政支援を受けて運営することができるようになりました。

地域型保育は利用定員が子ども６人以上 19 人以下の「小規模保育」，子ども５人以下の「家庭的保育」，保育を必要とする子どもの居宅で行う「居宅訪問型保育」，企業の従業員の子どもを対象とする「事業所内保育」の４種類に分けられます。主に０～２歳児を対象として保育が行われますが，「居宅訪問型保育」「事業所内保育」の一部は，３～５歳児の保育にも対応しています。

「地域型保育」は，都市部における待機児童の解消とともに，子どもの数が減少傾向にある地域での保育の場の確保に対応することが期待されています。

表 2-6 に「保育所・幼稚園・認定こども園の比較」をまとめています。それぞれの保育施設の特徴を十分理解した上で，就学前の子どもの育ちをどのように支えていけばよいのか，保護者の子育てに必要な支援は何かを考えていかなければなりません。日本では生まれてくる子どもの数が減少し続けています。保育施設の役割をふまえ，保護者や地域，様々な専門機関や行政と手を携え，子育てしやすい街，地域ネットワークをつくっていきたいものです。

表 2-6　保育所・幼稚園・認定こども園の比較

区　分	保育所	幼稚園	幼保連携型認定こども園
根拠法令	「児童福祉法」第 39 条	「学校教育法」第 22 条	「就学前の子どもに関する教育，保育等の総合的な提供の推進に関する法律」２条の７
	①保育所は，保育を必要とする乳児・幼児を日々保護者の下から通わせて保育を行うことを目的とする施設（利用定員が二十人以上であるものに限り，幼保連携型認定こども園を除く）とする ②保育所は，前項の規定にかかわらず，特に必要があるときは，保育を必要とするその他の児童を日々保護者の下から通わせて保育することができる	幼稚園は，義務教育及びその後の教育の基礎を培うものとして，幼児を保育し，幼児の健やかな成長のために適当な環境を与えて，その心身の発達を助長することを目的とする	この法律において「幼保連携型認定こども園」とは，義務教育及びその後の教育の基礎を培うものとしての満三歳以上の子どもに対する保育を一体的に行い，これらの子どもの健やかな成長が図られるよう適当な環境を与えて，その心身の発達を助長するとともに，保護者に対する子育ての支援を行うことを目的として，この法律の定めるところにより設置される施設をいう
所　管	厚生労働省 ・市町村	文部科学省 ・国立幼稚園：文部科学省 ・公立幼稚園：教育委員会 ・私立幼稚園：都道府県	内閣府，文部科学省，厚生労働省 ・市町村

表 2-6　保育所・幼稚園・認定こども園の比較（続き）

区　分	保育所	幼稚園	幼保連携型認定こども園
対　象	保育を必要とする 乳児（1 歳未満） 幼児（1 歳から小学校就学始期まで） 少年（小学校就学の始期から 18 歳未満）	満 3 歳から小学校就学の始期に達するまでの幼児	0 歳～就学前のすべての乳幼児
設置者	地方公共団体，社会福祉法人等（宗教法人，学校法人，NPO，その他の法人企業などもある）	国，地方公共団体，学校法人等社会福祉法人（宗教法人などもある）	
設備・運営の基準	児童福祉施設の設備及び運営に関する基準（厚生労働省令）	学校教育法施行規則第 36 ～ 39 条 幼稚園設置基準（文部科学省令）	幼保連携型認定こども園の学級の編成，職員，設備及び運営に関する基準
保育（教育）時間・日数	・原則として 1 日 8 時間，その地方における乳幼児の保護者の労働時間，その他家庭状況等を考慮して保育所長が定める ・延長保育，夜間保育も実施	・毎学年の教育週数は，特別な事情のある場合を除き，39 週を下ってはならない ・1 日の教育時間は，4 時間を標準とする	・毎学年の教育週数は，特別な事情のある場合を除き，39 週を下ってはならない ・1 日の教育時間は，4 時間を標準とする。 ・保育を必要とする子どもに対する保育時間は 1 日 8 時間が原則
教育・保育内容の基準	「保育所保育指針」（厚生労働省告示）	「幼稚園教育要領」（文部科学省告示）	「幼保連携型認定こども園教育・保育要領」（内閣府・文部科学省・厚生労働省告示）

表 2-6　保育所・幼稚園・認定こども園の比較（続き）

区　分	保育所	幼稚園	幼保連携型認定こども園
保育士・幼稚園教諭の資格	・保育士 指定保育士養成施設卒業，保育士試験により資格を有する者	・幼稚園教諭普通免許状 専修（大学院修了），一種（大学卒），二種（短大卒）	・保育士 指定保育士養成施設卒業，保育士試験により資格を有する者 ・幼稚園教諭普通免許状 専修（大学院修了），一種（大学卒），二種（短大卒）
職員 職種 保育士等の配置基準	・保育士，嘱託医，調理員など ・保育士：子ども（人） 0歳児 3：1 1・2歳児　6：1 3歳児　20：1 4歳以上の幼児 30：1	・必置職員：園長，主幹教諭，指導教諭または教諭，学校保健安全法に定める職員（学校医，学校歯科医，学校薬剤師） ・その他職員：副園長または教頭，助教諭，講師，養護教諭，事務職員など ・1学級原則35人以下（専任教諭1人以上）	・必置職員：園長，保育教諭，調理員，学校保健安全法に定める職員（学校医，学校歯科医，学校薬剤師） ・その他職員：副園長または教頭，主幹保育教諭，養護教諭，栄養教諭，事務職員など ・保育教諭：子ども（人） 0歳児 3：1 1・2歳児　6：1 3歳児　20：1 4歳以上の幼児 30：1 （1学級原則35人以下） ※満3歳に満たない子どもの保育は，保育士の資格を有する者がおこなう

【引用・参考文献】

厚生労働省（2017).「保育所保育指針」〈https://www.mhlw.go.jp/web/t_doc?dataId=00010450（最終確認日：2023 年 3 月 25 日)〉

厚生労働省［編］(2018).『保育所保育指針解説——平成 30 年 3 月』フレーベル館.

厚生労働省（2021).「令和 3 年度「出生に関する統計の概況（人口動態統計特殊報告)」」〈https://www.mhlw.go.jp/toukei/saikin/hw/jinkou/tokusyu/syussyo07/dl/gaikyou.pdf（最終確認日：2022 年 7 月 22 日)〉

総務省（2021).「統計トピックス№ 128 我が国のこどもの数——「こどもの日」にちなんで」〈https://www.stat.go.jp/data/jinsui/topics/pdf/topics128.pdf（最終確認日：2022 年 7 月 25 日)〉

文部科学省（2017).「幼稚園教育要領」〈https://www.mext.go.jp/content/1384661_3_2.pdf（最終確認日：2023 年 3 月 25 日)〉

文部科学省［編］(2018).『幼稚園教育要領解説——平成 30 年 3 月』フレーベル館.

文部科学省（2022).「学校基本調査——令和 4 年度　結果の概要」〈https://www.mext.go.jp/b_menu/toukei/chousa01/kihon/kekka/k_detail/1419591_00007.htm（最終確認日：2023 年 3 月 25 日)〉

内閣府・文部科学省・厚生労働省（2015).「子ども・子育て支援新制度ハンドブック（施設・事業者向け）(平成 27 年 7 月改訂版)」〈https://www8.cao.go.jp/shoushi/shinseido/faq/pdf/jigyousya/handbook.pdf（最終確認日：2023 年 5 月 15 日)〉

内閣府・文部科学省・厚生労働省（2017).「幼保連携型認定こども園教育・保育要領」〈https://www.mhlw.go.jp/web/t_doc?dataId=00010420（最終確認日：2023 年 3 月 25 日)〉

内閣府・文部科学省・厚生労働省（2018)『幼保連携型認定こども園教育・保育要領解説——平成 30 年 3 月』フレーベル館.

第3章

保育指導計画の実際と保育内容

第1節　はじめに

この章では，保育計画の基本的な考え方について説明します。第2節では保育における計画の意義について基本的な考え方を示しています。さらに，指導計画を作成の基本となる，保育内容のねらいの捉え方（第3節），子ども理解の考え方（第4節）について示しています。第5節では指導計画のさまざまな枠組み，第6節では保育者の専門性向上を意図する計画と評価のあり方について示しています。

第2節　保育における計画の意義

保育所，幼稚園，認定こども園は，子どもが遊びや生活を通して，心身を発達させていく場です。保育の目的として「学校教育法」には，「幼児を保育し，幼児の健やかな成長のために必要な環境を与えて，その心身の発達を助長すること」と書かれています（「学校教育法」第22条）。「保育所保育指針」（厚生労働省，2017）には「保育を必要とする子どもの保育を行い，その健全な心身の発達を図ることを目的」とし，「子どもの最善の利益を考慮し，その福祉を積極的に増進することに最もふさわしい生活の場でなければならない」と書かれています（第1章1（1）ア）。

もし，我が子を保育所等の保育施設に入園させるとしたら，どのようにして園を選ぶでしょうか。保育所や幼稚園等の玄関やホームページには，園の保育目標や保育理念が書かれています。「心身ともにたくましい子ども」「創造性のある感性豊かな子ども」など，園によりさまざまですが，園の保育を通して育てたい子ども像が書かれています。おそらく，保護者は，保育目標や保育理念に向けて実際にどのような保育が行われているのかを知りたいと思うでしょう。

「幼稚園教育要領」等に書かれているように，保育は「生涯にわたる人格形成の基礎」（「幼稚園教育要領」第1章第1，文部科学省, 2017）や「子どもが現在を最も良く生き，望ましい未来をつくり出す力の基礎」（「保育所保育指針」第1章1（2）ア，厚生労働省, 2017）を培っていく重要なものです。さらに，乳幼児期の子どもの学びの特性を踏まえて「環境を通して行う」ことが基本とされています。子どもは，周りの環境と直接的・具体的にかかわり，さまざまな体験をすることで学びます。そのため，自発的な活動としての「遊び」が重要です。子どもは，自ら主体的に環境にかかわって遊ぶことによって学ぶのです。

保育所，幼稚園等での生活の主体は子どもです。その際に重要となるのが，保育者の役割です。子どもが主体的に生活できるような状況・情況をつくり，子どもの自発的な活動としての遊びが展開されるようにしていくのです。そのため，保育者には，子どもの「主体的な活動が確保されるよう」「一人一人の行動の理解と予測に基づき，計画的に環境を構成」することや「一人一人の活動の場面に応じて，さまざまな役割を果たし，その活動を豊かに」することが求められています（「幼稚園教育要領」第1章第1，文部科学省, 2017）。

クラス担任として子どもたちと出会う最初の日に，どのような保育をするか考えてみましょう。翌日は？　１ヶ月後はどうでしょう？　一年後にクラスの子ども一人ひとりにはどのような成長・発達が見られるでしょうか。日々，予想していなかったような出来事があったり，子どもの思いや実態とのズレがあったりして保育展開の修正が必要なことも，たくさんあるでしょう。しかし，行き当たりばったり，その日暮らしの保育を行っていて，果たして，子どもの成長・発達を支えることができるでしょうか。

保育者は，子どもの成長・発達を保障するために，見通しをもって意図的・計画的に保育を行うことが大切です。保育における計画は，見通しをもった保育を展開するために必要なものです。幼稚園等保育を行う施設では，園の保育目標や育てたい子ども像に向けて見通しをもって保育を行うために，教育課程や全体的な計画を作成します。教育課程や全体的な計画は，カリキュラムという大きな捉え方に含まれています。カリキュラムは，ラテン語の「クレレ(currere)」に由来し，競争路という意味があり，長い見通しをもった計画という意味で使われています。保育は，子どもの主体的な活動を促し，それぞれの年齢の発達にふさわしい生活を展開しながら，子どもの人格形成や子ども自身が生きて未来を切り開いていく力の基礎を培うことを目的として行われます。保育を行う際には，見通しをもった計画が必要であることを理解しておきましょう。

第３節　保育内容と保育の計画

■3-1　保育の見通しと計画

保育においては，子どもが自ら周囲の環境とかかわり，活動を展開する充実感を味わいながら，発達に必要な経験を重ねていくようにすることが大切であり，そのためには，園での生活が計画性をもったものでなければなりません（文部科学省, 2018：96）。保育者は，乳幼児期の発達の特性を踏まえ，一人ひとりの発達に必要な経験を見通して計画を立て，継続的な指導を行うことが必要になります（文部科学省, 2018：96）。

見通しをもって保育を行っていくためには，保育の目標や目的を明確にし，そこに向かっての道筋を描いていた計画が必要になります。保育内容の基準は，幼稚園は「幼稚園教育要領」，保育所は「保育所保育指針」，幼保連携型認定こども園は「幼保連携型認定こども園教育・保育要領」に示されています。園の保育目標や全体的な計画は，これらの基準をもとに，園の子どもや地域の実態等に応じて，それぞれの園で創意工夫して作成されるものです。

■3-2　育てたい資質・能力と保育内容

2017（平成 29）年の「幼稚園教育要領」「保育所保育指針」「幼保連携型認定こども園教育・保育要領」（以下，要領・指針）の改訂（定）では，幼稚園，保育所，認定こども園が日本の幼児教育施設として位置づけられ，保育の内容の整合性が図られました。この背景には，2006（平成 18）年の「教育基本法」の改正で「幼児期の教育は，生涯にわたる人格の基礎を培う重要なものである」（「教育基本法」第 11

条）と示されたことがあります。保育所等の施設が幼児教育施設として位置付けたこと，幼児教育の捉え方を整えたことは，日本の幼児教育・保育の歴史上からもたいへん意味のあることです。

また，2018（平成30）年施行の要領・指針には，あらたに幼児教育・保育において「育みたい資質・能力」が明記されました。幼児教育・保育は，生涯にわたる人格形成の基礎を培う重要なものであることや乳幼児期の特性を踏まえ，「環境を通して行う」ことを基本として，「資質・能力」が一体的に育まれるように努める必要があります。「資質・能力」は，幼児教育・保育から大学に至るまで，子どもの心身の発達の段階に応じて，学校教育が体系的・組織的に行われる中で育まれるものです。社会に出てからも，生涯にわたって学校で学んだことが生かせるようバランスよく育まれていくことが大切です（文部科学省, 2018：5）。乳幼児期の発達の特性を踏まえ，幼児教育・保育において「育みたい資質・能力」は，次の３つです。

- 豊かな体験を通じて，感じたり，気付いたり，分かったり，できるようになったりする「知識及び技能の基礎」
- 気付いたことや，できるようになったことなどを使い，考えたり，試したり，工夫したり，表現したりする「思考力，判断力，表現力等の基礎」
- 心情，意欲，態度が育つ中で，よりよい生活を営もうとする「学びに向かう力，人間性等」

これらの資質・能力は，要領・指針に示されるねらい及び内容に基づく活動全体によって育まれるものです。実際の保育の中で，遊

表 3-1　乳児保育にかかわる 3 つの視点（内閣府・文部科学省・厚生労働省, 2017）

・身体的発達に関する視点「健やかに伸び伸びと育つ」
・社会的発達に関する視点「身近な人と気持ちが通じ合う」
・精神的発達に関する視点「身近なものと関わり感性が育つ

表 3-2　1 歳以上 3 歳未満児，3 歳以上児の保育にかかわる 5 つの領域
（内閣府・文部科学省・厚生労働省, 2017）

・「健康」健康な心と体を育て，自ら健康で安全な生活をつくり出す力を養う。
・「人間関係」他の人々と親しみ，支え合って生活するために，自立心を育て，人と関わる力を養う。
・「環境」周囲の様々な環境に好奇心や探究心をもって関わり，それらを生活に取り入れていこうとする力を養う。
・「言葉」経験したことや考えたことなどを自分なりの言葉で表現し，相手の話す言葉を聞こうとする意欲や態度を育て，言葉に対する感覚や言葉で表現する力を養う。
・「表現」感じたことや考えたことを自分なりに表現することを通して，豊かな感性や表現する力を養い，創造性を豊かにする。

びを通しての総合的な指導の中で一体的に育むよう努めることが重要です（文部科学省, 2018：6）。2017（平成 29）年の要領・指針の改訂（定）では，乳児（0 歳児）および 1 歳以上 3 歳未満児のねらい及び内容が「保育所保育指針」「幼保連携型認定こども園教育保育要領」において，3 歳以上児のねらい及び内容が 3 つの要領・指針において，細かな表記の違いを除いて同じものになりました（内閣府・文部科学省・厚生労働省, 2017）。

■3-3　保育の計画を立てる際のポイント

保育の計画を立てる際には，特に次の 3 つがポイントとなります（文部科学省, 2021：69）。

・子どもの生活する姿を捉える
・「具体的なねらいや内容」を設定する
・「ねらい」「内容」と環境の構成を考える

ここでは「具体的なねらいや内容」を設定することについて考えてみましょう。

■3-4　ねらい及び内容と保育の計画

「ねらい」とは，保育を通して育みたい資質・能力を子どもの生活する姿から捉えたものです。「内容」とは，ねらいを達成するために保育者が指導する事項であり，子どもが環境にかかわって経験し身につける事項です。要領・指針に示されたねらい及び内容は，入園から卒園までの園生活全体を見通したものです。保育を行うにあたっては，各領域に示されたねらい及び内容をすべて視野に入れて，子どもの生活する姿に沿って，指導計画上に具体的に設定されることが必要です。ねらいは，その時期の子どもの発達の実情を把握し，発達の方向性や，子どもにどのように育ってほしいかという保育者の願いを踏まえて設定します。内容は，ねらいを達成するために，子どもが経験することや身につけることを具体的に示します。

保育の計画を立てる際に，どのように具体的なねらいや内容を設定するのでしょうか。大切なことは，計画を立てる際に，最初にねらい及び内容を考えておくことです。実習で指導計画を立てる際に，学生の皆さんは，よく，まず活動から考えがちです。「部分実習では「魚つり」をしよう。「魚つり」のねらいってなんだろう？」「カエルが出てくるゲームをしようと思う。ぴったりの絵本はないかな？」というような会話をよく聞きます。

計画の立て方について，ここでは，次のように考えてみましょう（文部科学省, 2021：82-84）。

①子どもの姿から具体的なねらいを考える

②具体的なねらいから具体的な内容を考える

③具体的な内容から子どもの活動を考える

①まず，子どもの姿から発達の姿を読み取ります。生活や遊びへの取り組みの姿はどうか，保育者と子どもとの関係性はどうか，子ども同士のかかわりはどうかなど，さまざまな視点から子どもの変容を読み取ります。読み取ったことをもとに，子どもは何に興味や関心をもち，何がしたいと考えているのか，これからどのような経験が必要か，保育の中で子どもに育てたいことは何かを考え，ねらいを立てます。

②次に考えることは具体的な内容です。子どもが活動を通して経験すること，経験することによって身につけていくことです。ねらいを達成するために必要な経験を捉えることであり，活動を羅列することではないことや，計画に示した内容以外の偶然生まれた活動の中での経験も捉えていくことにも留意する必要があります。

③次に，具体的な内容を，どのような活動の中で経験できるようにするのかを計画します。計画を立てるまでの子どもの姿を振り返り，計画に示したねらいに沿って，どのような活動が展開されるのかを予想します。子どもが環境に主体的にかかわることで生み出され

る活動を通して保育が展開され，子どもが経験を通して学ぶことが大切です。保育者は，どのような環境を準備しておくのか，環境とかかわる子どもの遊びや生活の姿を予想して，必要な援助を考えます。

第4節　子ども理解と保育の計画

保育の計画を立てる際に，まず子どもの姿を捉えることが大切であるということは，前項でも書きました。保育を行う際に，まず必要なことは，一人ひとりの子どもに対する理解（子ども理解）を深めることです。それは，なぜでしょうか。

保育所・幼稚園等における保育は，一人ひとりの子どもが，保育者や同年代の多くの子どもたちとの集団生活の中で，周囲の環境とかかわりながら，発達に必要な経験を自ら得ていくように援助する営みです。そのために，一人ひとりの子どもがどのようなことを感じているのか，何に興味をもっているのか，何をしたいと思っているのかなどを，保育者が捉え，保育を計画し，展開していく必要があります（文部科学省, 2019：3)。保育は，子どもと保育者との温かい信頼関係が基盤となること，一人ひとりの発達の特性に応じて展開されるものであることから,「子ども理解」は保育の出発点といわれます。

2017（平成29）年改訂（定）の要領・指針には幼児教育・保育を通して「育みたい資質・能力」が示されました。これは，目に見える力や姿の育ちだけではなく，非認知能力（社会情動的スキル）といわれるような，目に見えない力の育ちも含めて育まれていくものです。たとえば，意欲や忍耐力，創造力やコミュニケーション力，感性や自分を大事に思う気持ちなどが非認知能力に含まれます。このような力は，子どもの姿から「できる，できない」あるいは「はやい，おそい」というように評価するものではなく，離れたところから子どもの行動を分析して評価するものでもありません。子どもを理解するということは，一人ひとりの子どもと直接触れ合いながら，子どもの言葉や表情から，思いや考えを理解して受け止め，その子どものよさや可能性を理解しようとすることです（文部科学省，2019：9）。

子どもを理解するということは，保育者の保育のあり方を考えることにもなります。子どもが遊びや生活に取り組む姿に変化が見られる背景には，保育者のかかわりが大きく関係しています。子どもの姿の変化は，園での生活を楽しみ自ら環境にかかわって遊びを展開していくようになる場合も，遊びに集中できなかったり不安定になったりする場合もあります。なぜ，そのような子どもの姿となっているのか，子どもの行動や目に見えない心の動きなども探りながら，保育者は，保育を振り返り，改善しながら，よりよい保育を目指して日々の保育を積み重ねていくことが大切です。

第5節　保育の計画の実際

■5-1　全体的な計画

幼稚園，保育所，認定こども園は，入園から卒園（修了）までの在園期間において，子どもの成長・発達をどのように支えていくのか，どのように保育を行っていくのかについて，園ごとに保育の全体的な計画を作成します（表3-3）。幼稚園では「教育課程」といい，

表 3-3　保育施設の全体的な計画

幼稚園	保育所	認定こども園
教育課程（全体的な計画）	全体的な計画	教育及び保育の内容並びに子育て支援等に関する全体的な計画
各幼稚園においては，教育基本法及び学校教育法その他の法令並びにこの幼稚園教育要領の示すところに従い，創意工夫を生かし，幼児の心身の発達と幼稚園及び地域の実態に即応した適切な教育課程を編成するものとする。 （全体的な計画の作成） 各幼稚園においては，教育課程を中心に，第3章に示す教育課程に係る教育時間の終了後等に行う教育活動の計画，学校保健計画，学校安全計画などとを関連させ，一体的に教育活動が展開されるよう全体的な計画を作成するものとする。 （「幼稚園教育要領」第1章第3　教育課程の役割と編成，文部科学省，2017）	保育所は，1の（2）に示した保育の目標を達成するために，各保育所の保育の方針や目標に基づき，子どもの発達過程を踏まえて，保育の内容が組織的・計画的に構成され，保育所の生活の全体を通して，総合的に展開されるよう，全体的な計画を作成しなければならない。 （「保育所保育指針」第1章3　保育の計画及び評価，厚生労働省，2017）	各幼保連携型認定こども園においては，教育基本法（平成18年法律第120号），児童福祉法（昭和22年法律第164号）及び認定こども園法その他の法令並びにこの幼保連携型認定こども園教育・保育要領の示すところに従い，教育と保育を一体的に提供するため，創意工夫を生かし，園児の心身の発達と幼保連携型認定こども園，家庭及び地域の実態に即応した適切な教育及び保育の内容並びに子育ての支援等に関する全体的な計画を作成するものとする。 （「幼保連携型認定こども園教育・保育要領」第1章第2　教育及び保育の内容並びに子育ての支援に関する全体的な計画，内閣府・文部科学省・厚生労働省，2017）

学校保健計画や学校安全計画，預かり保育の計画などと併せて「全体的な計画」を作成することとしています。保育所では「全体的な計画」，認定こども園では「教育及び保育の内容並びに子育て支援等に関する全体的な計画」といいます。

園の保育の目標やねらいを達成するために，各園の実態や子どもの発達過程を踏まえて，どのような道筋で保育を行っていくのか，保育の内容を組織的・計画的に編成し，園の生活全体を通して総合的に展開されることを目指して作成されるものです。

■5-2　長期の指導計画と短期の指導計画

見通しをもって保育を展開していくために，作成された教育課程や全体的な計画に基づき，より具体的な計画が必要になります。それぞれの時期の子どもの発達や生活の状況を捉え，ねらいや内容を定めて具体的な活動を展開していくために，子どもの姿・ねらい及び内容・環境構成・子どもの活動や経験内容・保育者の援助等についての具体的な計画を立てます。日々の保育を行っていく上での中心となるもので「指導計画」といいます。

要領・指針には，指導計画の考え方について，次のように書かれています。

> 幼稚園教育は，幼児が自ら意欲をもって環境と関わることによりつくり出される具体的な活動を通して，その目標の達成を図るものである。幼稚園においてはこのことを踏まえ，幼児期にふさわしい生活が展開され，適切な指導が行われるよう，それぞれの幼稚園の教育課程に基づき，調和のとれた組織的，発展的な指導計画を作成し，幼児の活動に沿

った柔軟な指導を行わなければならない。(「幼稚園教育要領」第１章第４　指導計画の考え方，文部科学省，2017)

保育所は，全体的な計画に基づき，具体的な保育が適切に展開されるよう，子どもの生活や 発達を見通した長期的な指導計画と，それに関連しながら，より具体的な子どもの日々の生活に即した短期的な指導計画を作成しなければならない。(「保育所保育指針」第１章３（2）　指導計画の作成，厚生労働省，2017)

指導計画は，具体的な保育が適切に展開されるよう，子どもの発達や生活を見通した長期的な指導計画と，より具体的に子どもの生活や活動に沿ったものとしての短期的な指導計画があります。長期の指導計画には「年間指導計画」「期の指導計画」「月の指導計画」があり，短期の指導計画には「週の指導計画（週案)」「日の指導計画（日案)」「部分案」などがあります。

指導計画に基づいて保育を展開することにより，子どもが安心して園生活を過ごし，充実感を味わい，その子らしさを発揮しながら心身の成長・発達を促していくことにつながります。指導計画の作成にあたっては，子どものことを，保育者がどのくらい理解できているかということが前提となります。子ども理解に基づいて保育が計画され，どのように保育が展開され，どのように振り返るか，ということが大切です。教育課程や全体的な計画に基づいて指導計画を作成して保育を行うことで，保育の後に実践した保育を振り返り，子どもの育ちや保育のありようを検討することができます。その積み重ねの中で，子どもの成長・発達を保障し，保育の質の向上を図ることができます。

■5-3　個別指導計画

「保育所保育指針」(厚生労働省, 2017)には,「3歳未満児については,一人一人の子どもの生育歴,心身の発達,活動の実態等に即して,個別的な計画を作成すること」(第1章3 (2) イ (ア))と書かれています。

3歳未満児は,特に心身の発育・発達が顕著な時期であると同時に,個人差が大きいことから,一人ひとりの子どもの状態に即した保育が展開されることが必要です。また,保育者は,子どもが生活の多くの時間を保育所で過ごすことや,特に養護的なかかわりが重要であることを踏まえて,一人ひとりの子どもの保育を行います。その際,保育者は,保護者の思いを十分に受け止め,「子どもの育ちを共に喜び合う」という姿勢のもと,保育所と家庭での生活全体の連続性を踏まえて家庭との連携をしていくことや,他の保育士を含む園内の職員と綿密な協力体制の下で保健および安全面に配慮していくことも大切です(厚生労働省, 2018：43)。これらのことを個別の指導計画に盛り込んでいくことで,緩やかな担当制のもと,それぞれの保育者がゆったりと子どもとかかわり,保護者も含めた信頼関係を築くことにつながります。

第６節　保育の記録と評価

■6-1　保育の記録と評価

日々の保育実践は，計画に基づいて行われます。実践は，計画通りにできることもあれば，そうでないときもあります。指導計画通りに保育を進めようとして，子どもの思いを後回しにするよりも，子どもが環境にかかわって生み出した活動に沿って，保育者が柔軟に対応していくことが大切です。一人ひとりの子どもの心の動きに柔軟に寄り添って保育を展開していくことが，結果的に一人ひとりの子どもの主体性を生かし，子どもを理解することになり，成長・発達につながります。一方，子どもの思いを尊重しすぎることで，本来の保育のねらいから大きく外れることがあれば，適切に反省し，次の計画や実践に生かしていかなければなりません。保育を計画し，実践を展開していくにあたっては，子どもの主体性と保育の計画性のバランスをとっていくことが大切です。

そこで大切になるのが，保育の振り返りです。具体的には，記録を取ること，記録に基づいて保育を振り返り，改善していくということです。

「幼稚園教育要領」や「保育所保育指針」では，指導の改善のために，保育者が保育を振り返り，指導の過程についての評価を行うことの必要性が書かれています。

指導の過程を振り返りながら幼児の理解を進め，幼児一人一人のよさや可能性などを把握し，指導の改善に生かすようにすること。その際，他の幼児との比較や一定の基準に対する達成度についての評定によって捉えるものではないことに留意すること。(「幼稚園教育要領」第1章第4　4　幼児理解に基づいた評価の実施（1），文部科学省，2017)

（ア）保育士等は，保育の計画や保育の記録を通して，自らの保育実践を振り返り，自己評価することを通して，その専門性の向上や保育実践の改善に努めなければならない。
（イ）保育士等による自己評価に当たっては，子どもの活動内容やその結果だけでなく，子どもの心の育ちや意欲，取り組む過程などにも十分配慮するよう留意すること。(「保育所保育指針」第1章3（4）保育内容等の評価　（4）ア，厚生労働省，2017))

保育者は，保育が終わった後に保育について振り返ります。記録を書き，環境の構成や保育者の援助，子どもの育ちについて反省や評価を行います。保育者一人で行うこともあれば，記録を共有しながら他の保育者と一緒に行うこともあります。保育の反省や評価を行うなかで，保育者は，子どもの成長・発達の過程を捉えるとともに，一人ひとりの子どものよさや可能性を捉えること，すなわち子ども理解を深めていくことにつながります。

園によっては，指導計画の一部に振り返りや反省・評価の欄を設けて書き込んだものを記録として残す場合もあれば，指導計画とは別に記録を残している場合もあります。近年，ドキュメンテーションやポートフォリオといった写真を用いた記録を作成し，園の保育者間や保護者と記録を共有することも増えてきました。

記録の形式はさまざまですが，どのように保育を行ったかというような単なる記録ではなく，次の保育への見通しが立てられるよう，子どもの育ちや学びの記録をもとに，保育のあり方の検討を行うことができる，評価につながる記録を作成する事が大切です。

■6-2　保育者の専門性を高める計画

保育の質を高めていくことは，子どもの育ちを保障していくために必要なことです。保育者としての専門性を高めていくことも，保育の質を高めることにつながります。

毎日の保育が行き当たりばったりであったり，やりっぱなしにしていては，保育の質はよくなっていきません。計画する（Plan），実践する（Do），反省・評価する（Check），改善した上で新たな計画を作成する（Action）という，いわゆるPDCAサイクルの一連の流れの中で，保育者が他の保育者とともに保育を見直していく姿勢が大切です。

保育における評価は，保育の中で子どもの姿がどのように変容しているかを捉えながら，そのような姿が生み出されてきたさまざまな状況について適切かどうかを検討して，保育をよりよいものに改善するための手がかりを求めることです（文部科学省, 2019：9)。園で行う保育は，子どもの育ちを通して，保育者の専門性の向上を含めて保育の質をよりよくしていくものです。

さらに，計画をもとに保育を展開することの意味を考えてみましょう。教育課程や全体的な計画は，それぞれの園において，乳幼児期にふさわしい生活をどのように展開し，どのような資質・能力を育むのかを明確にするものです。教育課程や全体的な計画は，保育者が行う保育の道筋を明確にするとともに，保護者や地域の人々に園の保育を説明し，理解を図っていくためにも重要です（文部科学省, 2021：69)。園で行う保育が，子どもの育ちを通して，家庭，地域へと伝わり，今と未来のよりよい社会をつくるという理念を共有する必要があります（文部科学省, 2019：8)。

保育の目標や目的に向けて保育を行うにあたって，保育の計画や記録，評価といった流れの中で保育を構造的に考えていくことが，子どもの育ち，保育者の成長，保育の質の向上にとどまることなく，よりよい社会の実現につながっていくという視点をもち，保育の計画について考えていきましょう。

【引用・参考文献】

厚生労働省（2017).「保育所保育指針」〈https://www.mhlw.go.jp/web/t_doc?dataId=00010450（最終確認日：2022 年 3 月 25 日)〉

文部科学省（2017).「幼稚園教育要領」〈https://www.mext.go.jp/content/1384661_3_2.pdf（最終確認日：2023 年 3 月 25 日)〉

文部科学省［編］(2018).『幼稚園教育要領解説――平成 30 年 3 月』フレーベル館

文部科学省［編］(2019).『幼児理解に基づいた評価』チャイルド本社

文部科学省［編］(2021).『幼児の思いをつなぐ指導計画の作成と保育の展開――令和 3 年 2 月』チャイルド本社

内閣府・文部科学省・厚生労働省（2017).「幼保連携型認定こども園教育・保育要領」〈https://www.mhlw.go.jp/web/t_doc?dataId=00010420（最終確認日：2023 年 3 月 25 日)〉

第4章
主体的な学びを導く「環境」とは

第1節　はじめに

適切な環境があれば，乳児期から主体的な学びが生じることや，乳幼児期の遊びを通した主体的な学びが重要であることは，第1章に概説した通りです。

本章では，第3章に示された「保育所保育指針」「幼稚園教育要領」および「幼保連携型認定こども園　教育・保育要領」に関する概説に基づき，どのような環境が遊びを通した主体的な学びを導くのかについて，考えます。そのためにまず，「保育所保育指針」等における「環境」の目指すところを考え，次に保育・幼児教育の方法論における「環境」の例として，「自然」や「音」について取り上げます。その上で，主体的な学びを導く環境について考察します。

第2節　「保育所保育指針」等における「環境」の目指すところ

2017年改訂の現行の「保育所保育指針」および「幼保連携型認定こども園　教育・保育要領」を読んでみましょう。その中で，1歳以上3歳未満児の保育のねらいについて，「保育所保育指針」では，「第2章　保育の内容」の「2　1歳以上3歳未満の保育に関わるねらい及び内容 (2) ねらい及び内容　ウ　環境」の記載部分を見てみましょう（厚生労働省, 2017）。周囲のさまざまな環境との五感による感覚的な直接体験が大切であることが示されています。その環境とは，身近な自然界や生活環境，玩具，遊具，絵本等であり，探索活動を通して，音，形・色・大きさ・量等の性質や仕組みに気づくことができるものです。この部分の記載内容は，「幼保連携型認定こども園　教育・保育要領」では，「第２章　ねらい及び内容並びに配慮事項」の「第２　満１歳以上３歳未満の園児の保育に関するねらい及び内容　環境」（内閣府・文部科学省・厚生労働省, 2017）と同様です。

３歳以上児の保育のねらいについて，「保育所保育指針」では，「第２章　保育の内容」の「3　３歳以上児の保育に関するねらい及び内容　(2) ねらい及び内容　ウ　環境」の記載部分（表 4-1）を見てみましょう（厚生労働省, 2017）。この部分の記述は，「幼稚園教育要領」および「幼保連携型認定こども園　教育・保育要領」の該当記述部分と同一の内容になっていますが，１歳以上３歳未満児の保育のねらいとの一貫性を読み取ることができます。

表 4-1 に抜粋した具体的な幼児の経験内容は，「（イ）内容」の①〜⑫にまでに示されています。乳児期からそうであるように，主体的な学びとして，まず，日常生活における環境との相互作用による感覚的な「気づき」が生じるのです。そこから，遊びに取り入れることで試行錯誤し発見する過程で，さらに主体的な学びは深まります。環境とのかかわりは，人とのかかわりの中で対話的となり，より深い学びを創り出すことになります。

次の第３節では，主体的な学びが生じる環境について，保育・幼児教育の理念と方法を紹介しながら述べていきます。

表 4-1 「保育所保育指針」第 2 章　保育の内容　2　1 歳以上 3 歳未満の保育に関わるねらい及び内容 (2) ねらい及び内容　ウ　環境の記述部分の抜粋

(厚生労働省, 2017)

(ア) ねらい	
①	身近な環境に親しみ，自然と触れ合う中で様々な事象に興味や関心をもつ。
②	身近な環境に自分から関わり，発見を楽しんだり，考えたりし，それを生活に取り入れようとする。
③	身近な事象を見たり，考えたり，扱ったりする中で，物の性質や数量，文字などに対する感覚を豊かにする。
(イ) 内容	
①	自然に触れて生活し，その大きさ，美しさ，不思議さなどに気づく。
②	生活の中で，様々な物に触れ，その性質や仕組みに興味や関心をもつ。
③	季節により自然や人間の生活に変化のあることに気づく。
④	自然などの身近な事象に関心をもち，取り入れて遊ぶ。
⑤	身近な動植物に親しみをもって接し，生命の尊さに気づき，いたわったり，大切にしたりする。
⑥	日常生活の中で，我が国や地域社会における様々な文化や伝統に親しむ。
⑦	身近な物を大切にする。
⑧	身近な物や遊具に興味をもって関わり，自分なりに比べたり，関連付けたりしながら考えたり，試したりして工夫して遊ぶ。
⑨	日常生活の中で数量や図形などに関心をもつ。
⑩	日常生活の中で簡単な標識や文字などに関心をもつ。
⑪	生活に関係の深い情報や施設などに興味や関心をもつ。
⑫	保育所内外の行事において国旗に親しむ。

第3節　保育・幼児教育の方法論における「自然」の環境

「自然」の環境では，たとえば，身近な生き物とのかかわりを通して命を感じたり，季節を感じたりすることができます。わが国にも，感性を育む保育環境を，イタリアのレッジョエミリアの教育方法（Reggio Emilia approach）に学び，造形活動を支える要素となる空間的・物的環境や人的環境に着目した実践報告があります（松久，2020）。そこでは，幼児の活動や経験を聴きとり，木，水，光と影，身体，命，街や人等，日常生活にある主題を取り上げ，活動プロジェクトが展開されます。遊びの素材としての自然環境は，その素朴さゆえに応答性が高く，幼児の見立てや想像力を引き出すという利点があります（高山，2014）。また，多様な自然の豊かさを体験し自然の循環性を理解するという，1957年に始まったスウェーデン型自然保育，「ムッレ教育」に学んだ幼児の環境教育の方法もあります（杉山，2017）。「ムッレ教育」では，1歳から2歳で自然と親しみ，3歳から4歳で自然の体験から観察することを学び，5歳から6歳で自然を理解することや観察することを学ぶといった発達段階が積み重ねられていくのです。

幼児期は，自然の環境が身近にあれば，自発的に学ぶ時期です。たとえば，園庭の近くに森林公園があったりすると，幼児は，自ら木の実や葉を拾い集めたり，木切れを取り上げたり，昆虫等の生き物を探し回ったりする探索活動をします。この自然の環境には，幼児の発達を多面的に引き出し，主体的な学びを深める教育力があるといえます。そのように，身近な自然の体験による保育実践例として，「森の幼稚園」のカリキュラムの実現に向けた実践研究もなされています（中坪ら, 2011）。

次に，自然の環境に気づきかかわる4歳児の活動事例を挙げてみましょう。

事例 4-1　幼稚園4歳児の「影絵」

4歳児は，幼稚園の裏側にある秋の森林公園に行き，思い思いに，落ち葉を拾ってきました。次の日の朝，保育者は，白い布を用意し，それに手をかざしたり動かしたりして，影が映ることを確かめていました。

男児 a：拾った葉っぱをかざして「あっ，映った。口がある。」と，葉っぱの下部に開いた穴を，片手の人差し指で下方に押し広げて言う。

女児 b：穴の開いた別の葉っぱをかざして言う。「映ったよ，葉っぱの顔。」

4歳児たちは，それぞれ持ってきた葉っぱに指で穴を開けて，影絵を映し出してみました。

事例 4-1 では，幼児が幼稚園の裏側という身近な自然の環境にかかわり，落ち葉を拾うことで，五感を用いて秋を感じている様子を示しています。その際にも，葉っぱの色や形の違いに気づいていたわけですが，保育者の誘導によって，幼児たちは，影絵を見て形の違いをよりはっきりと感じ取ることができました。その葉っぱに穴が開いていたために，口に見えるという気づきが生じ，穴を開けて想像をふくらませることになりました。その後，試行錯誤して，どうすれば影絵ができるのかについても，幼児たちは，自分なりの発見をすることができました。

ここに挙げた事例は4歳児についてですが，3歳児も，園庭でバ

図 4-1　自然にかかわって遊ぶ幼児たち

ッタを見つけ観察することを通して自然に驚き，命を感じることができます。幼児たちは，何気ないと思われがちな日常生活の中で，探索して気づき，さらにもっと知ろうとする経験を積み重ねていくことで，主体的な学びを深めていくのです。

このように，幼児期には，神秘さや不思議さに目をみはる感性（＝センス・オブ・ワンダー）（カーソン, 1996；佐藤, 2017）を育む環境が，必要なのです。環境自体が，形・色・材質などの特性によって，環境へのかかわり方に関するメッセージを発信していると捉えることもできます。そのような人と環境との関係について，アメリカ合衆国の心理学者，ギブソン（Gibson, 1979；1977）は，受け手が行動するための環境自体のもつ価値情報を「アフォーダンス（affordance）」であると説明しています（佐々木, 1994；平野, 2019）。それは，外部環境の示す情報によって，人の行動が変化したり規定されたりするということです。その意味でも，「自然」の環境は，乳幼児を，感覚的な気づきから認知的な発達や運動能力の発達に導く，有意義な教材となることができるのです。

第４節　保育・幼児教育の方法論における「音」の環境

2017年改訂，現行の「保育所保育指針」「幼稚園教育要領」および「幼保連携型認定こども園　教育・保育要領」の保育内容「表現」の記載部分に新たに加筆修正されているように，幼児が「風の音や雨の音，身近にある草や花の形や色など自然の中にある音，形，色などに気付く」ことが，明記されています。

それだけ，五感による感覚的な気づきが大切であるということです。たとえば，生まれたばかりの赤ん坊も，音を聴いています。母親とそうでない人との声を聞き分けることができるようになります。そうした音への気づきは，乳児が，ガラガラの音を聴いて喜んでいるような遊びに始まります。やがて，1歳くらいで立って歩くようになると，幼児は，身近な環境の中の生活音に気づき，事象のイメージと音とを結び付けるようになります。そして，幼児期に生活音と音楽を構成する楽音との識別ができるようになっていく過程で，音の強弱，数や長短，高低，重なり，リズム等を認識できるようになっていきます。

こうした「音への気づき」の重要性は，「音の風景（soundscape）」という言葉を生み出したカナダの作曲家，シェーファー（1992）による「サウンド・エデュケーション」の考え方によっても指摘されています。その「サウンド・エデュケーション」の考え方を参照した実践には，生活の中の「擬音探し」や，さまざまな音が聴こえた場所を思い出して作る「音の地図」等も見られます（土田, 2007)。

特に，幼児期の生活音に気づく経験（今川, 2006)，4，5歳児で環境の音探しをする経験の重要性は，これまでにも指摘されてきました（Deans et al., 2005)。それらの経験には，保育者による活動内容の構成の工夫が必要となります（佐野, 2013)。

次の事例4-2と事例4-3は，「音」の環境への気づきの経験が，どのような保育実践の中に見られるのかを示すキッチンビートに類する活動です。幼児期には，生活音への気づきから音楽のリズムへの気づきに移行する経験として，台所用品の音，たとえば鍋の蓋を叩いて出る金属音や，泡立て器で泡立てるふりの動きによって生じる金属音等を用い，音楽に合わせてリズム合奏をする等の活動も効果的です（佐野, 2013)。

事例4-2　キッチンビートによる音のイメージの再構成　4歳児

保育者：小さい銀色のステンレス製の鍋と蓋を見せる。「これで，何する？」

女児a：「何かを煮たり焼いたりする。」

保育者：「そう，お料理に使うね。」「カンカンカン」と鍋と蓋を打ち合わせて，幼児たちに音を聞かせる。プラスティックの蓋つき容器をたたいて見せて，「トントントントン……」「どんな音がする？」と問いかける。絵筆の柄で鍋のふたをたたいてみせる。

女児b：「すずみたい。」

男児c：「卵をかき混ぜているときの音だ。」

事例 4-3　生活音から言葉のリズムの認識へ　4 歳児

幼児たち：2 グループで，鍋や蓋を選択する。早速，鍋を絵筆の柄でたたいてみる。

保育者：「さあ，こっちの半分の人は聞いてね。上手にできるかな。」

「はい，バナナ●」と言いながら，言葉のリズムに合わせて手拍子する。

(♩ ♩ ♩ 𝄽)

幼児たち：一緒に鍋をたたく。

保育者：「チョコレート（𝄽）（タタタンタン）（♫ ♩ ♩ 𝄽）」と手拍子する。

幼児たち：手拍子に合わせて鍋をたたく。別のグループと交替する

事例 4-2 で，4 歳児たちは，事象の音を生活音と受け止め，それが喚起するイメージを自身の抱いているイメージと重ね合わせています。事例 4-3 では，鍋の音という生活音により，言葉のリズムと一致する簡単なリズムパターンを経験しながら，他児が鍋を叩く音もよく聴くことで，事象に対する幼児自身のイメージを再構成しています。

この活動の過程で，4 歳児たちは，音の創り出すイメージとリズムを認識していきます。やがて，生活音を楽音として音楽の中に再構成し，それを異なる音色で合わせることによって，幼児たちだけの独創的な音を発見することになるのです。そして，幼児たちは，図 4-2 の写真のように，音楽に合わせてリズム合奏を楽しむようになります。

次に，事例 4-4 では，「音」の環境への気づきによって，活動内容を展開させた 5 歳児の活動例を挙げてみます。

図 4-2　保育園 4 歳児の生活音によるリズム奏

事例 4-4　音のイメージの物語を創り出す 5 歳児

5 歳児たちは，園庭の近くの公園に来ています。

男児 a：落ちている小枝を拾って，鉄棒の柱の部分を何度も叩いて，「カンカン」という音を出してみる。

男児 b：公園に植えられている木を揺らして，多くの葉が風に揺れる「サラサラ」という音を出す。

女児 c：水たまりを小枝でかき混ぜ，「パシャ，パシャ」と叩く。

男児 d：近くから，水たまりに小石を投げ入れて「ポチャン」という音を出す。

こうして，5 歳児たちは，色々な音を出し，保育者が持参していた IC レコーダーに録音してもらいました。そして，保育園の保育室に戻って来ました。

保育者：「みんなに集めてもらった音を聴いてみよう。」と，IC レコーダーに収録された音を再生する。

女児ｃ：「あっ，水たまりを木の枝でたたいたときの音」

男児ｂ：「木を揺らしたときの葉っぱの音だ。」

５歳児たちは，自分で創り出した音を思い起こして，口々に言いました。

保育者：「みんな，集めた音で何か知っているお話しができないかな。」

５歳女児ｅ：「『おおかみと七匹のこやぎ』。」

保育者：水たまりに小石を投げ入れたときの「ポチャン」という音の音量を上げて再生する。

５歳男児ｄ：「おおかみが，最後に大きなお腹で，井戸の中に落っこちたときの音だ。」

保育者：鉄棒の柱の部分を叩いた「カンカン」と言う音を再生する。

こうして，幼児同士のかかわりと保育者の援助によって，『おおかみと七匹のこやぎ』の音のイメージによるお話しが作られていきました。

この事例4-4では，身近な環境の中で，５歳児たちが音探しをしていました。その時間帯には，救急車やパトカーの走り抜ける特徴的な音が聞こえていましたが，５歳児たちは，誰も，そうした音を，保育者に録音してほしいとは言いませんでした。自分たちが，思い思いに自然や遊具等の環境にかかわって創り出した音を，収録するよう，保育者にお願いしていました。また，そうして集めた音について，自分の経験を思い起こすと同時に，別の象徴的な音に置き換えることを楽しんでいました。ここに挙げた例のように，水たまりに小石を投げ入れたときの「ポチャン」という音は，傍点部「おおかみが，最後に大きなお腹で，井戸の中に落っこちたときの音」に置き換えられています。こうしたことから，５歳児たちは，現実の日常生活経験と虚構のお話しの世界とを行き来しながら，自ら感じ，想像して考えていることがわかります。

このように，事例4-2，事例4-3および事例4-4に示した「音」の環境への気づきの活動例だけを見ても，「音」は環境として，主体的な学びを生じ，人とのかかわりも生み出すものであることがわかります。同時に，これらの活動は，幼児が自ら音を聴き探すことにより，音の素材の拡大と自由な表現活動を行うという点で，創造的音楽学習（Paynter & Aston, 1970；坪能, 2011）の考え方にも通じるところがあると捉えることができます。

第5節　応答的な環境とは

■5-1　乳幼児期の応答的な環境の重要性

乳幼児の発達には，応答的な環境が重要であるとされています。波多野・稲垣（1977）は，アメリカ合衆国の心理学者，ワトソン（John Broadus Watson, 1878～1958）の乳児を対象とした実験を取り上げ，応答的な環境の重要性を指摘しています。ワトソンのある実験では，生後2ヶ月の乳児を，毎日決まった特製ベットに，決まった短時間だけ寝かせました。その特製ベッドに仰向けに寝た乳児の目の上には，モビールおもちゃが吊るされており，枕の上の頭を動かすと，そのおもちゃが回転するようになっていました。他のベッドでは，乳児の動きとは関係なく数秒に1回ずつ回転するものと，吊るされたおもちゃが固定されているものが用意されました。そして，乳児の頭を動かす回数が調べられると，頭の動きによっておもちゃが回転するようになっていた特製ベッドに寝ていた乳児は，頭を動かす回数が日毎に多くなっていったことがわかりました。それに対して，頭の動きに関係なくおもちゃが回転した場合，あるいはおもちゃが固定されていた場合には，頭の動きにはあまり変化が見られなかったそうです。さらに，頭の動きによっておもちゃが回転するようになっていた特製ベッドに寝ていた乳児は，3，4日後には，うれしそうに笑ったり声を出したりすることが目立つようになったということです。

なかなか思うように動けない乳児が，自ら頭を動かすことによって，モビールおもちゃが回転したということは，環境が応答的に反応したということを意味しています。このように，日常生活の中で些細だと思われることが，乳幼児の心身の発達に大きな影響を及ぼすことになるのです。このことは，おもちゃのような物的環境ばかりでなく，保護者や保育者のかかわりによる応答的な環境にも当てはまります。

たとえば，生後1年間では，乳児が泣いた時に母親がすぐ反応すると，すぐに反応しない場合よりも泣く回数が減り，情緒的に安定するといわれています。また，事情によって長期に亘り，親から離され施設に入所している乳幼児には，特定の保護者との愛着形成が難しく，感情，情緒の表現が抑制されて無表情になり，情緒的な障害や身体的な発育の遅れなどが生じるというホスピタリズムについては，よく知られているところです。さらに，母性的な養育の欠如により，乳幼児の言語習得やコミュニケーション能力などの発達もかなりの遅れを生じるといわれています。

つまり，乳幼児の働きかけに反応することで心身の動きを活性化し，さらなる環境への働きかけを促すことで，認知的発達や社会的発達を導くことのできる人や物による環境が，応答的な環境であるということができます。

■5-2　乳幼児期に適切な応答的環境の構成

次に，乳幼児期に適切な応答的環境の構成について考えてみましょう。

第5節5-1で例として述べたように，乳児期には，モビールおもちゃや，振ると音の出るガラガラのようなおもちゃ，ビリビリと音とを立てて破ることのできる新聞紙等，少しの働きかけで，視覚的，聴覚的に変化して，乳児のさらなる働きかけや意欲を引き出すものが適切であると考えられます。同時に，自由に触ったり色々な角度から見方を変えたりできるための自由な空間も必要です。また，乳児の発声に対して，その音声を模倣して大人が繰り返してみせたり，言葉による応答をするというように，かかわる保護者や保育者が，応答的環境を構成することが必要です。自分の発声に答えてくれる大人がいることは，乳児にとって，言語発達のためにとても大切なことなのです。幼児期の遊びにおいても，母親の積極的なかかわりが，象徴遊びの発達に効果的に影響を及ぼす可能性が提示されています（Slade, 1987；Fiese, 1990）。

このように，応答的な環境には，色々な側面があることがわかります。また，環境は，幼児によって，かかわり方が異なるものです。幼稚園や保育所等で，さまざまな環境に触れ，活動の展開によって，新たな環境を生み出すことは，第3節に挙げた事例からも読み取れます。その中で，一人ひとりの幼児が，主体的な学びを経験し，環境との柔軟な相互作用を行っているのです。

図 4-3　砂場で遊ぶ幼児たち

環境との柔軟な相互作用ができるためには，幼児が試行錯誤した後に発見や解決のヒントが得られる環境構成が求められます。

たとえば，園庭の砂場での遊びについて考えてみましょう。

5歳児たちが，砂場をスコップで掘り，水たまりのような穴を作って，そこにジョウロで水を入れていました。やがて，男児たちは，少し離れた手洗い場に並んでいる水道の蛇口にホースをつなぎ，砂場の穴まで引っ張って来ようとしました。でも，ホースの長さが，砂場の穴まで届きません。ホースの長さを延長できるものはないかと，遊具置き場を探していた男児たちは，バトンを見つけて，ホースにつなげようとしましたが，ホースとバトンの繋ぎ目を持った手から，水道水が勢いよく流れ出てしまいます。そこで，バトンを水道の蛇口につけ，そこを両手でしっかり持ち，バトンにホースをつなげて，別の男児がその繋ぎ目を両手で持ち，女児が水道の蛇口から出る水量を少なくして試してみます。

保育者は，幼児たちがバトンを探していたとき，もっと長いホースを持って来ることを提案しようとしたのですが，幼児たちの試行錯誤する過程が重要であると考え，思い直して，見守りました。

このように，砂場には，さまざまな遊びの可能性があります。かかわる幼児の年齢や発達によって，泥団子，カップで型抜きした泥のケーキの見立てやごっこといった象徴遊びから，5歳児たちの砂場に水を流し入れるための試行錯誤まで，柔軟な相互作用が可能な砂場は，応答的な環境であるといえます。そこにかかわる保育者は，象徴遊びでは，幼児たちのふりを受容したり，ふりを提案したりしてイメージの共有を図ったり，役割演技をしながら共感したりします。一方で，ここに挙げた5歳児たちの遊びに対してのように，見守る姿勢を見せることも必要です。その結果，5歳児たちは，考え試してみることによって，主体的な学びを得ました。

第6節　環境の再構成の意味

環境の構成に際して，まず，保育者は，乳幼児の興味・欲求は何か，発達に即した活動は何かについて考えます。その際，季節感を生かしたり，伝統的な行事を取り入れたりすることが，よく行われています。その上で，保育者は，乳幼児が環境にかかわることでより興味が深まり，活動の展開過程が生じるように，環境の再構成をするのです。

しかも，園生活において，他児をよく意識できていない時期には，乳幼児が１人でも楽しくかかわることのできる環境構成が必要です。複数の幼児同士で活動したいと幼児たちが望んでいる発達の時期には，幼児同士のかかわりが必要な遊びを誘発する環境構成を考えていくことが求められます。同時に，集団の中にあっても，一人ひとりが個性を発揮できるように，各幼児の発達の状況をよく観察しておいて，それを考慮に入れていくことで，幼児が自発的に考えて活動できる自由な環境を創り出すことができます。

たとえば，3歳児には，どのような遊び方ができるのかを理解できるようにするために，あえて積み木を床に出しておき，そのうちのいくつかだけを積み重ねておく，といった環境構成が考えられます。そうすることで，積み木を積むという遊び方がわかるだけでなく，その自由な雰囲気により，積み木を見立て遊びに用いて想像したり，他児とのかかわりによって，自在に遊びを展開したりしていくことができるようになります。同時に，3歳児に対しては，積み木遊びを実際にして見せる等，保育者が具体物を提示したり，一緒に活動したりする人的環境としての役割が必要です。

4歳児や5歳児に対しては，物の配置，保育者や他児の動き等に留意し，幼児自らが好奇心をもち，「自分もやってみたい」と感じられるような環境構成が求められます。そのためには，いつも同じ場所に同じ遊びのコーナーを設置しておくのではなく，幼児の興味のありどころや遊びの継続状態を考慮に入れて，場所や物の移動や，活動内容に変化をもたせる等の環境の再構成が必要です。

遊びの継続性という点では，お店屋さんごっこ，水族館ごっこ，基地ごっこ等，テーマのある遊びは，一定期間，続くようです。幼児たちは，自分が見たり聞いたりした日常生活経験を，遊びの中で再現し，自分のもつイメージを他児と共有しながら，新たなイメージを創り出すことで，遊びを展開していきます。遊びの経験の豊富な5歳児では，保育者にお客さんの役割を提案したり，遊びのイメージを広げるために，たとえばジュースに見立てる色水を作る材料を要求したりと，色々なことを考え，実行できるでしょう。その遊ぶ力については，第5節5-2に示した砂場での遊びからもわかります。しかしながら，遊びや他児とのかかわりの経験があまりない時期であれば，保育者が提案したり，幼児たちとイメージを共有しながら一緒に遊び込んだりすることも必要です。

このようにして，目の前の乳幼児の様子を観察しながら環境の再構成をすることで，乳幼児が環境にかかわり，環境のもつ柔軟性や創造性を最大限に引き出すことができるように導くことができるのです。

【引用・参考文献】

今川恭子（2006）.「表現を育む保育環境——音を介した表現の芽ばえの地図」『保育学研究』44(2), 156–166.

カーソン, R.／上遠恵子［訳］(1996).『センス・オブ・ワンダー』新潮社.

厚生労働省（2017）.「保育所保育指針」〈https://www.mhlw.go.jp/web/t_doc?dataId=00010450（最終確認日2022年3月4日）〉

佐野美奈（2013）.「音楽的表現育成プログラムの実践過程における活動の要素の変容——4歳児の「音への気づき」を起点とした活動の展開の特徴を中心に」『大阪樟蔭女子大学研究紀要』3, 93–102.

佐々木正人（1994）.『アフォーダンス——新しい認知の理論』岩波書店.

佐藤嘉代子（2017）.「「子どもと哲学する時間」における「いのち」の対話——保育士と5歳児が共に探るセンス・オブ・ワンダー」『お茶の水女子大学子ども学研究紀要』5, 27–38.

シェーファー, M. R.／鳥越けい子・今田匡彦・若尾　裕［訳］(1992).『サウンド・エデュケーション』春秋社.

杉山浩之（2017）.「乳幼児期の環境教育の研究――スウェーデン型自然保育「ムッレ教育」をESD（持続可能性のある発展のための教育）の視点から分析する」『広島文教教育』32, 47–64.
高山静子（2014）.『環境構成の理論と実践――保育の専門性に基づいて』エイデル研究所.
土田義郎（2007）.「サウンドエデュケーションの技法――基本的考え方と応用例」『騒音制御』31(1), 26–30.
坪能由紀子（2011）.「創造的音楽学習からみたサウンド・エデュケーション」『音楽教育実践ジャーナル』9(1), 40–47.
内閣府・文部科学省・厚生労働省（2017）.「幼保連携型認定こども園教育・保育要領」〈https://www.mhlw.go.jp/web/t_doc?dataId=00010420（最終確認日 2022 年 3 月 4 日）〉
波多野誼余夫・稲垣佳世子（1977）.『知力の発達――乳幼児から老年まで』岩波書店.
平野麻衣子（2019）.「遊び片付ける子どもの経験から構築する保育環境デザイン――アフォーダンス利用に着目して」『兵庫教育大学学校教育学研究』32, 1–9.
中坪史典・久原有貴・中西さやか・境愛一郎・山元隆春・林よし恵・松本信吾・日切慶子・落合さゆり（2011）.「アフォーダンスの視点から探る「森の幼稚園」カリキュラム――素朴な自然環境は保育実践に何をもたらすのか」『学部・附属学校共同研究紀要』39, 135-140.
松久公嗣（2020）.「幼児期の造形活動を支援する環境構成のあり方」『福岡教育大学紀要』69(5), 53–64.
Deans, J., Brown, R., & Dilkes, H. (2005). “A Place for Sound: Raising Children’s Awareness of Their Sonic Environment”, *Australian Journal of Early Childhood*. 30(4), 43–47.
Fiese, B. H. (1990). “Playful Relationships: A Contextual Analysis of Mother-Toddler Interaction and Symbolic Play”, *Child Development*, 61(5), 1648–1656.
Gibson, J. J. (1977). The Theory of Affordances, R. Shaw & J. Bransford (Eds.) *Perceiving, Acting, and Knowing: Toward an Ecological Psychology*. Hillsdale: NJ, Lawrence Erlbaum Associates, pp.67–82.
Gibson, J. J. (1979). *The Ecological Approach to Visual Perception*,

Boston: Houghton Mifflin.
Paynter, J., & Aston, P. (1970). *Sound and Silence: Classroom Projects in Creative Music*, Cambridge: Cambridge University Press.
Slade, A. (1987). A Longitudinal Study of Maternal Involvement and Symbolic Play During the Toddler Period, *Child Development*, 58(2), 367–375.

第5章
乳幼児の理解と発達に即した教育

第1節　はじめに

「保育所保育指針」「幼稚園教育要領」「認定子ども園保育・教育要領」すべてが2017（平成29）年3月に告示され，2018（平成30）年4月より施行されています。その中では，改めて人の育ちにおいて乳幼児期は重要な時期であることが示され，基本的事項の中に，乳幼児一人ひとりの特性に応じ，発育・発達の過程に即した保育，教育を行うこととされているのです。保育の質や保育者の専門性を高めるためには，子ども理解は，欠かせない重要なことなのです。

「保育所保育指針」の保育内容には，実際の保育において，「養護と教育が一体となって展開されることに留意する」（第1章，厚生労働省，2017）となっています。そして「養護」とは，「子どもの生命の保持及び情緒の安定を図るために保育者などが行う援助や関わり」（第2章）であり，「教育」とは，「子どもが健やかに成長し，その活動がより豊かに展開するための発達の援助」（第2章）であると述べています。保育者は，発達の特性や発達過程を理解し発達および生活の連続性に配慮して保育しなければならないのです。つまり，乳幼児期の発達の特性と発達過程を十分に理解して，子どもの保育をするとされています。子どもの発達と保育とのかかわりは，非常に深いものです。この発達の基盤が形成される重要な時期に保育者は，保護者と共に「育てる者」として，発育，発達や心の育ちを理解して，一人ひとりの子どもの自らもつ力を充分に伸ばしていけるように必要な環境を整え，適切な援助をしていくことが大切なのです。子どもの発達に遊びは欠かせない活動です。遊ぶことによって子どもの身体と心の発達が促されるのです。子どもの心に寄り添い子どもの笑顔や生き生きとした表情に出会うために，一人ひとりの子どもの育ちを捉えましょう。発達の特徴に焦点を合わせて遊びへのかかわり方と援助の仕方を一緒に考えていきましょう。

今回の改定では，大きく「乳児の保育」「1歳以上3歳未満児の保育」「3歳以上児の保育」に仕分けられました。発達過程の最も初期にあたる乳児期にあっては，成長の個人差が大きく，発達の特性に応じた保育を行わなければならないとしています。

本章では，発達についての理解を深め，「発達に即した保育」について述べていきます。なお，本章における発育・発達や援助については，谷田貝・石橋（2018）や岩崎ら（2018），お茶の水女子大学子ども発達教育研究センター（2004）を基に記述しています。

第2節　乳児の保育：乳児期の発育・発達を踏まえた援助やかかわり

母子保健法においては，誕生から満1歳までの時期を乳児といっています。

乳児は妊娠から母親の胎内で約40週を経て成長し，体重約3kg，身長約50cmで生まれてきます。新生児（生後4週間）は，まだ脳の機能が未発達で原始反射（刺激に対して無意識的に反応する反射動作のこと）がみられ，自分の意志で身体を動かすことができず，授乳と

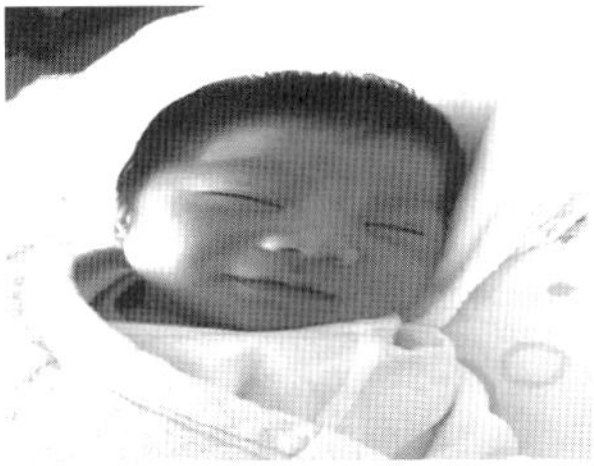

図 5-1　「生理的微笑」（0 ～ 4 ヶ月）

図 5-2　「腹這い」（4 ヶ月～ 6 ヶ月，両腕を伸ばし体を支え頭を持ち上げる）

おむつ替えの時以外は一日のほとんどの時間を眠って過ごしているのです。乳児は，養育者の保護や世話を受けなければ生命を保持することができませんが，発達していくための力をもっています。泣くことで養育者に不快を知らせ，また新生児が見せる微笑み（生理的微笑）は，養育者に微笑みや声掛けを誘います。この生理的微笑は，2 ヶ月以降あやすと笑う社会的微笑へとかわっていきます。新生児の視力は 0.02 位とされますが，これは養育者の胸に抱かれた時に眼前 20 ～ 30cm の距離に養育者の顔が見える視力です。授乳の時に養育者に抱かれ，顔を見つめ，優しい声を聞きながら心地よい時間を過ごすうちに次第に養育者を判別できるようになっていくのです。新生児期を過ぎると乳児は目覚めて機嫌のよい時は，泣き声以外の声を出すようになり，養育者がその声に応えることを繰り返し，まるで会話をしているかのようなやりとりが行われます。泣き笑いや声に養育者が応え，乳児が心地よい体験を積み重ねていくことが，その後の発達の基盤を築くのです。

乳児期初期の頃は，授乳，排泄，睡眠の生活リズムが定まりませ

図 5-3 「探索活動が盛んになる」(9ヶ月頃～ 11ヶ月頃)

ん。乳児にミルクを飲ませたり，おむつを替えることは，単に生命維持の世話をするということだけではなく，乳児が安心して心地よい眠りにつき，情緒が安定するための養育者との大切な触れ合いの時間なのです。

0歳児の保育では，子どもと特定の保育者との継続的で応答的なかかわりが重要となってきます。安定したかかわりの中で育つ愛着関係や信頼感を頼りに，子どもは自らの活動を広げることができるようになっていきます。

その後，乳児は自由に移動できることを喜び，絵本やおもちゃ等身の周りの物に対する興味をもちます。見る，聞く，触ってみる，手に持つ，動かす等自分から環境に働きかけようとするのです。そして，応答的にかかわる大人に喃語や指さし等で欲求を伝えるとともに大人とのやりとりを楽しみます。特定の大人とのかかわりを通じて情緒的な絆が形成されるので，保育は愛情豊かに応答的に行わ

表 5-1　乳児保育の 3 つの視点（谷田貝・石橋, 2018）

乳児も「主体的に育つ」存在であることを意識して保育する	
①	健やかに伸び伸びと育つ（自ら健康で安全な生活をつくり出す力の基礎を培う）
②	身近な人と心が通じ合う（何かを伝えようとする意欲等を育て，人と関わる力の基礎を培う）
③	身近な物と関わり，感性が育つ（身近な環境に興味や好奇心を持って，表現する力の基礎を培う）

れることが必要になります。

乳児保育でのねらいとして，身体的発達視点「健やかに伸び伸びと育つ」，社会的視点「身近な人と気持ちが通じ合う」，精神的視点「身近なものと関わり感性が育つ」の三つの視点が示されています（表 5-1）。

また，保育内容においては，この三つの視点と養護における「生命の保持」「情緒の安定」と一体になって展開することが必要であると示しています。0 歳児の保育計画は，月齢発達の違いから基本的に個別に作成します。「子どもの実際の姿」を踏まえ次に発達する姿を考えて環境構成をし，「養護と教育」を一体的に考えて保育のねらいを立てるのです。

第３節　１歳以上３歳未満児の保育・発達を踏まえた援助やかかわり

■3-1　１歳児の理解と援助

1歳児の体重は出生時の約3倍，身長は約1.5倍になります。乳歯も少しずつ，生え揃い1歳半頃には離乳食完了期を迎え，生活リズムが整ってきます。さまざまな運動機能の発達や新しい行動の獲得によって活動範囲が広がり，自分のやりたいことがはっきりしてくるのがこの時期です。歩く，走る，よじ登る等，さまざまな運動をしようとし，身体を動かすことを楽しむのです。

大人との安定した関係のもと，友達と一緒にいようとする等，保育者や友達とかかわって，成長していく姿がみられます。行動範囲が広がり，探索活動が盛んになります。身近な人の興味ある行動を模倣し，活動の中に取り入れるようになります。

図5-4 「砂遊び」1歳児クラス

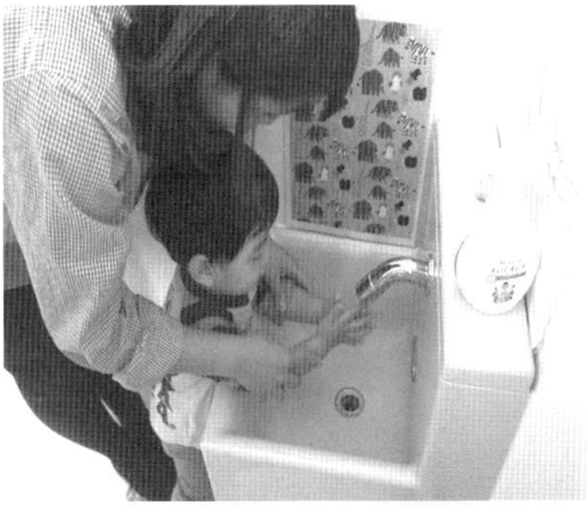

図 5-5　「手洗い」（食事前の手洗い，感染症の罹患が多い１歳児）

図 5-6　「給食」（スプーンを使ったり，手づかみで食べる１歳児）

つまむ・めくる・転がす・なぐり描きやスプーン使う等，指先を使う動きが豊かになります。大人の言うことがわかるようになり，呼びかけたり，拒否を表す片言を盛んに使ったりするようになり，言葉で言い表せないことは，指さしや身振り等で示そうとします。自分の思いを大人に伝えたいという欲求が次第に高まってきます。そして１歳後半には，「マンマ，ホチイ」等の二語文も話し始めるようになります。保育者は，子どもの気持ちを大切にして，焦らずゆっくり見守っていきましょう。

何でも口に入れて確かめるため誤飲，歩き始めの頃はバランスを崩しやすく転倒や衝突，階段や椅子，窓やベランダ，遊具から転落，ドアやおもちゃでの挟傷，他児とのトラブルによる噛みつきやひっかき，プールでの溺水等がこの時期の事故として挙げられます。

非認知能力（好奇心や集中力，自己肯定感や有能感，抑制力等）を育てることが重要であり，その基礎が育つのが乳幼児期です。１歳児の発達の特徴をまとめると（表 5-2）のようになります。

表 5-2　1 歳児の発達の特徴（河原（2011）を基に筆者作成）

	1 歳前半	1 歳後半
運動	・1 人で歩行（手に物を持って歩く。よじ登る） ・階段を手と足で昇り降りする。 ・手つなぎでお散歩ができる。 ・つまむ，掴むのが上手になる。 ・ボール投げができる。 ・2～4 個の積み木を積む。 ・引き出しや扉の開閉ができる。 ・叩き描き（点々）往復描きができる。	・走る，跳ぶ。 ・手すりを使って階段を昇り降りする。 ・本のページをめくる。 ・6 個以上の積み木を積む。 ・ねじる，ちぎる，回す等の操作をする。 ・ボールを蹴ることができる。 ・スプーンを使って食べる。 ・靴やズボンの着脱ができる。 ・描くタッチが強くなる（なぐり描き）。
言語	・単語の意味を認識する。 ・「～は？」の質問に指差しで答える。 ・名前を呼ばれると挙手する。 ・簡単な単語を発する（20 語以上）。 ・言われたことを大体わかる。 ・擬声語，擬態語で感情表現をする。	・二語文を話す。 ・絵本を見て物の名前を言い始める。 ・「これは？」の質問に単語で答える。 ・自分の名前がいえる。 ・「これなぁに？」と何度も聞く。 ・過去の質問に単語で答える。
社会性	・社会的能力が広がる。 ・探索活動が盛んになる。 ・喜怒哀楽，嫉妬心が強くなる。 ・人や物を介してやり取りが成立する。 ・「待つ」ことができる。 ・大人のいうことがわかるようになる。 ・自分の意思を身振り，片言でつたえようとする。 ・人見知りをする。	・「自分で」とやりたがる（自分でしようとする）。 ・面白いことを喜ぶ。 ・玩具等を実物に見立てる等の象徴機能が発達し人や物とのかかわりが強まる。 ・自我が発達し所有意識も強くなり，友達とのぶつかり合いで学習する。
知力	・記憶力と注意力が日々発達する。 ・色々な物に興味が出始める。 ・触って確かめ満足する。 ・繰り返しを喜ぶ。 ・知っているものを指さす。 ・玩具等新しい使い方を試し始める。 ・真似っこをするようになる。	・生活の流れがわかる。 ・可逆の指差し「～ではない～だ」 ・鏡の中，写真に写った自分を認識する。 ・本を「読んで」と持ってくる。 ・1 歳児は決まりを理解するための入り口にいる。

この時期は，自発性，探索意欲が高まりますが，まだまだ大人の世話を必要とする自立への過程の時期です。

■3-2　2歳児の理解と援助

2歳になると，歩く，走る，跳ぶ等の基本的な運動ができるようになり，階段を昇ったり，両足跳びができたり，身体をコントロールすることが可能となります。同時に指先の動きも急速に進歩します。また，日常生活に必要な言葉もわかるようになり，自分のしたいこと，してほしいことを言葉で表出できるようになります。子ども同士のかかわりも少しずつ求めるようになります。2歳の中頃から，特に言葉数が増えてきます。

簡単な文章化もできるようになり，大人との会話も可能となります。大人の模倣の言葉が飛び出したり，家庭生活が垣間見えるような会話をしたりする姿を，遊びの中で再現するようになります。2歳までには，物を隠されても「ある」ことがわかる連続性や恒久性等の認知が始まり，2歳中頃からは，推理する，想像する段階へと発達します。

それは「模倣」する力の獲得であり，言葉による模倣から，役割を果たす「ごっこ遊び」に大きく変化する段階でもあるのです。このような認知発達は，遊びの中で発達していきます。

2歳児は，身体的機能の発達と言葉の獲得，認知能力の高まりから，「何でも自分でやりたい」という意欲をもちながら，実際には，できないことも多々あります。この二つの感情の間で揺れているのが特徴です。保育者は，具体的にどうすればよいのかを示しながら，難しいところは手伝うことで，子どもの「できる」成功体験を増や

表 5-3　2 歳児の保育のポイント（河原（2011）を基に筆者作成）

①子どもの「自己主張（言い分）」に余裕をもってつき合う。
②子どもの言葉の育ちに，丁寧に関わっていく。
③生活習慣の指導では，自分でやりたい気持ちを大切にしていく。
④自由なごっこ遊びをいっぱい楽しめるようにする。
⑤色々な活動，遊びで，イメージと表現の世界を楽しめるようにする。
⑥自然の恵みや様々な不思議に触れ，観察したり調べたりしていくようにする。

していき，「できた」ことを喜び合うというこの積み重ねを一人ひとりの発達に合わせて援助するのです。

表 5-3 は，2 歳児の保育のポイントを示したものです。一つずつ説明していきます。

まず①についてです。2 歳児は「強く自己主張」する時期にあり，自分の気持ちを一生懸命に伝えようとしています。「自分はこうしたいんだ。こうでなくちゃイヤだ」という自己主張を保育者は，余裕をもって受け入れる必要があります。

次に②についてです。2 歳児は「語彙が著しく増加」する時期にあり，二語文や多語文が使えるようになります。保育者は言葉をじっくり聞いてあげたり，足りない言語表現には言葉を補って質問をしたりして，言葉の育ちを促すことが大切なのです。

③についてです。2 歳児は「食事，衣類の着脱等，身の周りのことを自分でしようとする」時期にあり，自分でできることが嬉しいのです。保育者は，衣類の着脱等生活習慣の指導では，手を出しすぎず，ポイントをちょっと手助けして，子どもが気持ちよく「やれた」という喜びや達成感を感じられるようにすることが大切です。

さらに④⑤についてです。2 歳児は「象徴機能（イメージする力）」

図 5-7 「**室内遊び**」(2 歳児クラス)

図 5-8 「**虫探し**」(2 歳児クラス)

が発達し，「大人と一緒に簡単なごっこ遊び」を楽しむ時期にあります。2歳児は象徴機能の発達により，見立て遊びやつもり遊び等のごっこ遊びを盛んにするようになるのです。また，絵本のストーリーを楽しむことができるようになり，描いたり作ったり，積み木やパズル等の活動もイメージに基づいてできるようになります。保育者は，このようなさまざまな遊びや活動の環境を整えることが大切です。

最後に⑥についてです。2歳児は「探索活動が盛んになる」時期にあり，身近な自然に触れることが大切です。ダンゴムシを捜したり，幼虫を育てたり，園で育てる植物や作物に水をあげたり，さまざまな形で自然に触れる機会を与えることが重要です。

以上のように，保育者は，保育のポイントを考えて環境を作り援助やかかわりをもって保育していくのです。

第４節　３歳以上児の保育・発達を踏まえた援助やかかわり

■4-1　３歳児の理解と援助

３歳児は，依存から自立へと移行するとともに自我や言葉の発達にともなって自己主張が強くなる時期です。基本的な運動機能が伸び，話し言葉の基礎もでき，食事・排泄・衣類の着脱等もある程度，自立できるようになってきます。話し言葉の基礎ができて，この頃，「なぜ」「どうして」等の質問が盛んになり，物の名前やその機能等を理解しようとする知識欲が強くなり，興味や関心が高まります。自我がよりはっきりしてくると共に友達とのかかわりが多くなりますが，実際には，同じ場所で同じような遊びをそれぞれが楽しんでいる平行遊びが多いです。大人の行動や日常生活において，経験したことを，ごっこ遊びに取り入れたり，象徴機能や観察力を発揮して，遊びの内容に発展性が見られるようになってきます。そして，自分の行動や体験を通した現実的で具体的な範囲であれば，「こうするとこうなる」等，あらかじめ結果について予想することができるようになってきて，自分のしようとする事にも予想や意図と期待をもって行動できるようになるのです。また，簡単な話の筋もわかるようになり，話の先を予想したり，自分と同化して考えたりできるようになるのです。さらにこの時期には，決まりを守って自分から「～をしよう」という気持ちも現れてきて，進んで大人の手伝いをするようになり，人の役に立つことに，誇りや喜びを抱くようになります。保育していく中で，身の周りの始末や片づけ等，何でも自分でやってみたいという子どもの気持ちを大切にし，活動しやすい場や時間等を確保し，「自分でできる」という実感がもてるよう

図 5-9 「集団遊び」（3 歳児クラス，『わらべ歌・かごめかごめ』）

に配慮していく必要があります。

■4-2　4 歳児の理解と援助

4 歳児は，友達と一緒に遊ぶ楽しさを味わう中で自己を伸び伸びと発揮していき，また，自分の行動やその結果を予測して不安になる等の葛藤も経験する時期です。自我がしっかりと打ち立てられ，自分と他人との区別もはっきりしてきます。自分以外の人や物をじっくりと見るようになると，逆に見られる自分に気づき，自意識が芽生えてきます。したがって，今までのように無邪気に振る舞うことができない場面も生じます。全身のバランスをとる能力が発達し，身体の動きが巧みになります。話をしながら食べる等，異なる 2 種以上の行動を同時にとるようにもなります。

この頃の子どもは，心が人のみではなく，他の生き物，さらには，無生物にまでもあると思っています。これが子どもらしい空想力や

図 5-10 「身体表現」（4歳児クラス，リトミック）

創造力の展開にもつながるのです。また，恐れの対象は，大きな音，暗闇等物理的な現象だけでなく，オバケ，夢，一人残されること等，想像による恐れがましてきます。周囲の環境を探索すること，他の子どもの遊びを見ること，自分で実際に体験することを通して，土や水等自然物や遊具などの自分を取り巻くさまざまな物の特性を知り，それらのかかわり方，遊び方を豊かに体得していくのです。その中で，仲間といることの喜びや楽しさが感じられるようになり，仲間とのつながりが強くなっていくのです。それだけに，競争心も起き，けんかも増えてきます。その一方で，決まりの大切さに気づき，守ろうとするようになります。感情が豊かになり，身近な人の気持ちを察し，少しずつ自分の気持ちを抑えられたり，我慢ができるようになってきます。友達を通して自分と友達の考えや行動の違いといったことに気づきながら，自我が形成されていきます。自分以外の人を見たり，逆に自分が見られたりすることから自分の思う通りにはならない気持ちを感じたり，やって良いことと悪いことに気づいたりしていくので，その気持ちに寄り添ったり受け止めたりすることに配慮が必要です。子どもの思いを丁寧に聞き，質問や疑問に応えたり，一緒に考えたりしながら，子どもの葛藤や内面の育ちの援助をし，保育していくことが大切です。

■4-3　5歳児の理解と援助

5歳児は，身辺自立がほぼ確立し，友達と協同的な集団活動が展開できるようになる時期です。日常生活の上での基本的な習慣は，ほとんど自立して自分自身でできるようになり，運動機能はますます伸び，運動を喜んで行い，縄跳び等もできるようになり，仲間と共に活発に遊ぶようになります。言葉により共通のイメージをもって遊んだり，目的に向かって集団で行動することが増えます。さらに，遊びを発展させ，楽しむために，自分たちでルールを作ったりもします。また，自分なりに考えて判断したり，批判する力が生まれ，今までのようにすぐに大人に頼るのではなく，欲求のぶつかり合いやけんかが起きても自分たちで解決しようとするなど，お互いに相手を許したり，異なる思いや考えを認めたりといった社会生活に必要な基本的な力を身につけていきます。

手伝い等もはっきりと目的をもって行う事が多くなり，他人の役に立つことを嬉しく，誇らしく感じられるようにもなってくるのです。内面的にも一段と成長し，今までのように大人が「いけない」というので悪いのではなくて，自分なりに考えて納得のいく理由で物事の判断ができる基礎が培われてくるのです。また，行動を起こす前に考えることもできるようになり，自分や他人を批判する力も

図 5-11　「クッキング　カレーライス作り」（5 歳児クラス）

芽生えてきて,「ずるい」とか「おかしい」等不当に思う事を言葉で表すようになります。この頃になると，より一層仲間の存在や集団の中での言葉のやり取りが重要な役割を果たすようになります。これは，自分の思いや考えをうまく表現し，他人の言うことを聞く力を身につける生きた学習の場になります。言葉遊びをしたり，共通のイメージをもって遊んだりできるようになります。

幼児が家事や調理の手伝いに興味をもつようになると，魚や野菜料理を食べる回数や量が増え，栄養のバランスが良くなり，親子のふれあいが高まるということがいわれています。調理保育は，子どもの将来の豊かな食生活に向けて，食品の選び方，料理の仕方，楽しい食事等を通して，好ましい食の在り方を学ぶ食育の一環です。調理保育の目的は，食事への関心を高める，偏食をなくす，他人への思いやりを深める，食べ物の大切さを知る，食事づくりに興味をもつといったことになります。

本節では 3 歳児から 5 歳児までの発達と，その援助とかかわりについて解説しました。表 5-4 に 3・4・5 歳児の発達と遊びについて

表 5-4　3・4・5 歳児の発達と遊び（河原（2011）を基に筆者作成）

	知的・言葉・心の発達	体・運動能力の発達	活動・遊び
3歳時	・手伝いをする等人の役立つことを進んでする。 ・言葉の形態の基本が整い言葉によるやり取りをする。日常生活で会話ができる。語彙は800～1000語。 ・人を頭足人のように描く等象徴的な絵を描く。 ・第一次反抗期で意思決定をしたり創造的な活動に広げようとする。	・基本的な運動能力がほとんど整う。粗大運動，微細運動が分化してくる。 ・食事，排泄等生活習慣がかなりの程度自立する。 ・ブランコ，三輪車に乗れる。	・順番を守れる等簡単な決まりを守れる。 ・手先の活動も発達し遊具，用具を自由に使って遊ぶ。 ・ごっこ遊びはするが個々に遊ぶ平行遊びが多い。 ・積み木を車に見立てたり土団子を食べる「つおり遊び」をする。 ・絵本，紙芝居を楽しむ。
4歳時	・男女の性別に興味をもつ。自分と他人の区別ができ，自意識が育つ。 ・集団遊びができ始める。 ・子どもらしい空想力や想像力が育ってくる。	・全身でバランスをとることができる。ケンケンやスキップ等体の動きが巧みになる。 ・走り方はほぼ完成するが個人差が大きい。 ・よく動き回りじっとしていない。 ・話しながら食べる等二つのことが同時にできる。	・積み木やブロックを組み立てる。 ・ごっこ遊びが盛んになり集団でいることを喜ぶがトラブルも多い。 ・砂場遊び，積み木遊びで何人かで協力して遊ぶ。 ・じゃんけんができる。
5歳時	・ルールを守ったり目的をもって手伝いをする。責任感・連帯感・協調性が育つ。 ・絵では基底線，空（ア図式期）色々な表現をする。 ・判断する力の基礎ができて相手の不正を批判する。トラブルを自分たちで解決しようとする。	・運動能力が伸びて縄跳び，跳び箱，ゴム跳び等ができ始める。 ・紙ののりづけ折り紙ができるようになる。 ・日常の基本的な体の動きや行動ができるようになる。	・サッカー，ドッチボール等の球技ができ始める。 ・鬼ごっこ，物を持って動いたり走ったりできる。 ・集団遊びで役割を分担して遊んだり共通のイメージをもって遊べる。 ・しりとりなど言葉を使って遊べる。

改めてまとめましたので，参考にしてください。

第５節　乳幼児の発達

乳幼児期は，人の一生のうちで最も目覚ましい心身の発達を遂げる時期です。

したがって，保育者は，子どもの発達の特性を充分に理解した上で保育をしなければならないのです。0歳児から6歳児までのすべての子どもに共通する発達の特性を表5-5に表しています。

■5-1　乳幼児の発達の特性

子どもと生活や遊びを共にして保育する中で，一人ひとりの子どもの心身の状態をよく把握しながら，その発達の援助を行うことが重要なのです。各年令の発達の一般的な特徴を押しつけることなく，一人ひとりの子どもの発達の特性や発達の課題を充分に留意して保育を行うことが必要なのです。

発達には，それなりの順序性があります。たとえば運動発達でいうと歩けるようになるには，寝返り，四つ這い，つかまり立ち，つたい歩きという順序があるし，言葉の獲得には，視線の共有，音声模倣，音の象徴使用という順序があります。

また心の発達では乳幼児期には信頼感の獲得，自立心の芽生え，仲間意識や帰属感の芽生えという順序があります。でもこの順序性をどのように通過していくかには，個人差があります。どの面がどのような時期に伸びていくかには個人差と幅があるのです。それぞれの伸び方があるのです。

表 5-5　乳幼児の発達の特性（岩崎ら（2018）を基に筆者作成）

①人への信頼感が育つ	大人によって生命が守られ，愛され信頼されることにより情緒が安定し人への信頼感が育つ。身近な環境に興味や関心を持ち，自発的に働きかける等，自我が芽生える。
②環境への関わり	環境に主体的に関わることにより心身の発達が促される。
③子ども同士の関わり	大人との信頼関係をもとに子ども同士の関係をもつ。子ども相互の関わりを通じて身体的な発達，知的な発達と共に，情緒的社会的および道徳的な発達が促される。
④発達の個人差	生理的，身体的な諸条件や生育環境の違いにより，心身の発達の個人差が大きい。
⑤遊びを通して育つ	遊びを通して仲間との関係を育み，その中で個の成長も促される。
⑥生きる力の基礎を培う	生涯にわたる生きる力の基礎が培われる時期であり，特に身体感覚をともなう多様な経験が積み重なることにより，豊かな感性，好奇心，探求心，思考力が養われる。また，それらがその後の生活や学びの基礎になる。

心身の発達，発達が著しく，人格の基礎が形成されるこの時期の子どもの保育はたいへん重要です。0歳から6歳までの子どもが育つことの意義深さ，素晴らしさを感じとりながら，子どもの発達についての理解を深めておきましょう。

■5-2　子どもの発達段階と年齢に応じた課題

保育者は，子どもがたどる発達の道筋＝発達過程を理解し，一人ひとりの子どもの状態を把握しながら，発達を援助することが大切です。

子どもの発達は，子どもそれぞれの道筋があり，スピードがあり子どもによって異なります。子どもの今までの経験や興味関心のありよう，周りの大人のかかわり方等，環境面からもそれぞれの子どもの発達を理解しようとすることが大事なのです。個人差を充分に理解してどの子どもも自分なりのペースで取り組めるような時間的ゆとりや空間環境を用意することが必要です。子どもは，さまざまな環境との相互作用により発達します。特に重要なのは人とのかかわりです。保育者との信頼関係の基盤は，愛着の形成が成立することです。人との信頼感は，子ども自身の肯定感につながっていきます。

■5-3　乳幼児の理解と援助

乳幼児期には心身ともに目覚ましい発達をします。

子どもを理解する場合，何よりも大切なことは，子どもは常に猛スピードで発達しているということを理解することです。即ち，子どもは毎日目覚ましく変わるのです。可能性をいっぱい秘めているということです。

したがって，現在の子どもの姿だけを見てその子どものことを決めつけないようにすることです。「今はできなくても，やがてできるようになる」「できるまで待とう」「見守ろう」という気持ちで，現在の子どもの姿を正しく把握することが必要なのです。その子どもの特徴，発達の速いところ，遅いところを確実に掌握しておくことが大切です。

その子どもの発達の状態を知るために基準となるのは，各年齢の発達の基準や特徴です。各年齢の発達の基準や特徴は，保育者にとって必要不可欠な知識です。発達の基準に達してないから「ダメ」な子どもと決めつけるのではなく，「基準に達してないのはなぜか」「なぜ，遅れているのか」その原因を見極めて，その子どもにあった保育，援助をすることが大切なのです。

子どもを理解する方法として「観察を通して理解する」「一緒に活動しながら理解する」「記録を通して理解する」「保育者間の情報を共有しながら理解する」「家庭との連携を通して理解する」が挙げられます。保育の基盤は子ども理解といっても過言ではありません。保育者がどのように子どもを援助するのか，それを判断するのは，目の前の子どもたちの内面を捉え，理解することから始まるのです。保育を通して子どもたちの成長を促していくことが保育者の援助の目的です。保育者の適切な援助とは子どもの発達過程を見通した成長を願い，タイミングを逃さずに援助することが必要なのです。

個々によって発達の緩やかな子ども，早い子どもがいるので，固定的に考えないで，一人ひとりの違いをよく見極めて援助するようにしましょう。

【引用・参考文献】

岩﨑淳子・及川留美・粕谷亘正（2018).『教育・保育課程論――書いて学べる指導計画』萌文書林.

お茶の水女子大学子ども発達教育研究センター［編］(2004).『幼児教育ハンドブック』お茶の水女子大学子ども発達教育研究センター.

加藤敏子・岡田耕 ・［編著］．津留明子・富永由佳・富山大士［著］

(2013).『保育課程論――保育の基盤の理解と実習への活用』萌文書林.
河原紀子［監修］(2011).『0歳～6歳子どもの発達と保育の本』学研教育出版.
厚生労働省 (2017).「保育所保育指針」〈https://www.mhlw.go.jp/web/t_doc?dataId=00010450（最終確認日：2023年3月25日）〉
厚生労働省［編］(2018).『保育所保育指針解説――平成30年3月』フレーベル館.
柴崎正行［編］(2015).『保育内容の基礎と演習』わかば社.
内閣府・文部科学省・厚生労働省 (2018).『幼保連携型認定子ども園教育・保育要領解説――平成30年3月』フレーベル館.
長谷部比呂美・日比暁美・山岸道子 (2011).『保育の心理を学ぶ』ななみ書房.
松村和子・近藤幹生・椛島香代 (2012).『教育課程・保育課程を学ぶ――子どもの幸せをめざす保育実践のために』ななみ書房.
文部科学省［編］(2018).『幼稚園教育要領解説――平成30年3月』フレーベル館.
谷田貝公昭・石橋哲哉［監修］(2018).『〈新版〉乳児保育』一藝社.

第6章

主体的な学びを導く保育者の援助とその基盤

第1節　保育者と子どものかかわり

保育所では，環境を通して子どもたちの主体的な活動が展開されるよう，さまざまな工夫が行われています。「保育所保育指針」では，保育の環境として「保育士等や子どもなどの人的環境，施設や遊具などの物的環境，更には自然や社会事象」（「保育所保育指針」第1章1（4），厚生労働省, 2017）が想定されています。そうした人，物，自然とのかかわりを効果的に経験していくことで子どもたちの生活が豊かなものになります。子どもたちの日々の活動は，決まった目的があるわけではなく，子どもたち自身の発見や，「やってみたい」という意欲によってさまざまな方向に展開されます。そこでの保育者の声かけや援助も，子どもたち一人ひとりの気持ちに寄り添いながら，主体的な活動を引き出すようなものであることが重要です。

保育において，保育者は，養護と教育を一体的に行うことを通して，子どもの発達を支えていきます。ここでいう養護とは，「子どもの生命の保持及び情緒の安定を図るために保育士等が行う援助や関わり」（「保育所保育指針」第1章2（1）厚生労働省, 2017）を指し，乳幼児の安全な環境を作るとともに，そこで子どもたちが安心感をもって過ごすことができるよう生活全般を支えることを意味します。

また，保育における教育は，子どもたちが遊びの中で主体的に学ぶことを重視します。子どもが主体的に学ぶための援助は，子どもをただ遊ばせるだけでは不十分で，また大人が一方的に知識を教えるような働きかけとも異なります。子どもの発達を見極めた上で，一人ひとりに必要な環境を構成することで，その環境に身を置いた子どもが，自ら好奇心を働かせ，主体性を発揮できることが大切です。

このように保育者は，乳児の時期から，授乳，食事，午睡，排泄といった基本的な生活習慣への援助を通して，子どもたちが安心して園で過ごすことができるよう配慮するとともに，そうした園の生活全体を通して，子どもたちが主体的に身近なことに取り組み，自立していけるよう教育的な働きかけも行います。こうして，養護と教育を一体的に行いながら子どもたちの発達全体に働きかけることが保育の基本です。

本章ではそのような保育者と子どものかかわりに焦点をあて，特に，子どもが安心して，生き生きと活動できる環境を作り出すための保育者のかかわりについて説明します。後半では，特別な配慮が必要なケースを挙げながら，そこでの援助のあり方についてもみていきます。

第２節　子どもと大人のかかわりの基盤：アタッチメントの形成

■2-1　アタッチメントとは

ここでは，子どもが安心して過ごすことができる環境がどのようなものかを考える上で重要となるアタッチメントという概念について説明します。

アタッチメントは，イギリスの精神科医ボウルビィによって提唱された概念です。ボウルビィ（1976）によると，アタッチメントとは，生まれたばかりの赤ちゃんが，不安な時に，特定の養育者を求め，接近しようとする本能を指します。日本語ではアタッチメントが愛着と訳され，愛情とか親子の絆といったニュアンスで捉えられますが，本来の意味は，子どもが何か危険を感じた時に，親にピタッとくっつこうとする危険回避行動を指します。

赤ちゃんは生まれてすぐから，周囲の環境による変化や，肌に触れるぬくもりなどを敏感に感じ取ります。赤ちゃんにとっては，たとえば，強い光，突然の暗闇，大きな音，あるいは見慣れないものや，普段と異なる状況といった環境の変化は，自分の世界を脅かすような恐怖に感じることでしょう。そうした恐怖を感じた時，赤ちゃんは，そばにいる養育者に向けて泣いたり，抱っこを求めたりすることによって，養育者に接近しようとします。このような行動をボウルビィはアタッチメント行動と呼びます。このようなアタッチメント行動は，そばにいる養育者の養育行動を誘発し，養育者は赤ちゃんを抱きしめ，あやし，落ち着かせようとします。このように，赤ちゃんは，驚いたり，怖い思いをしたり，不快な気持ちになったりした時に，何度も繰り返し守ってもらい，お世話され，それによって安心感を得ることを経験します。また，養育者の側も，お世話をすることで，ますます赤ちゃんに愛情を抱き，守ってあげたいという思いを強くします。こうした双方向のやり取りが親密なアタッチメントの形成へとつながっていきます。

こうして，生まれて初めて出会った最も身近な大人を信頼することによって，その子どもの基本的な信頼感が養われます。この，「何かあっても自分は守ってもらえる」という周囲への信頼を基盤にしながら，子どもは徐々に外の世界に向かって好奇心を広げ，主体的に人とのかかわりを広げていきます。

発達最早期のアタッチメント行動は，主に両親など，最も身近な大人に対して向けられます。しかし，アタッチメント行動の対象は家族だけに閉じるものではなく，発達に沿って，保育者など日常的にかかわる大人にも向けられます。そうして徐々に自分の世界を広げ，意欲的にさまざまな人やものとかかわろうとすることができるのです。保育所に通う子どもたちは比較的幼い時期から集団生活を経験しますが，その集団生活への適応性とアタッチメントが深くかかわっていることもわかっています（遠藤，2017）。保育者と子どもの間に安定したアタッチメントが形成されたとき，保育者のかかわりは，子どもにとって家族と並んでとても大切なものとなります。

■2-2　アタッチメントの発達

次に，このアタッチメントがどのように発達するかをみていきます。ボウルビィ（1976）によれば，アタッチメントは，以下のように発達していきます。

アタッチメントの発達の第１段階は，新生児期から３ヶ月頃までをさします。この時期は無差別的なアタッチメントの時期と呼ばれ，赤ちゃんは基本的に，誰のことも目で追ったり，微笑んだり，手を伸ばしたりして興味を示します。この時期は，まだ首もすわっておらず，寝返りもできないので，赤ちゃんは自分が興味のあるものの方向に動くことはできません。その代わり，目に映る世界にはとても敏感に反応し，さまざまなことに興味を示します。特に人の顔には敏感に反応し，じっと凝視したり，目で追ったりします。この時期の赤ちゃんを観察すると，その多彩な表情に驚かされることでしょう。

次に，第２段階は生後３ヶ月頃から６ヶ月頃までを指します。この時期の赤ちゃんは，顔を左右に向け，自分の興味のあるものを長く見つめます。いつもお世話をしてくれる母親などの特定の養育者を認識し，その人のことを目で探したり，その人を見ると微笑んだりするようになります。自分にとって大切な存在が徐々に確立してきた時期です。

次に，第３段階は生後６ヶ月から２歳頃までを指します。ボウルビィによると，この時期までにアタッチメントはほぼ完成するといわれます。この時期は，寝返りができるようになり，お座りができるようになり，徐々にはいはいから伝い歩き，やがて，自立歩行が可能になっていく時期です。体の移動が可能になると，赤ちゃんは，外の世界に向かってさまざまな探索を始めます。それまではお母さんの膝にべったり座り，そばを離れようとしなかった子どもたちが，徐々にお母さんと離れた場所にあるおもちゃで遊び始めたり，隣の部屋につたい歩きで冒険に行ってみたりします。自分の世界を広げていく中で，びっくりしたり，怖くなったりすることもあります。

そんな時は，お母さんのところへ急いで戻ったり，助けを求めて泣いたりします。このようにして，外の世界と安心できる養育者のそばを行き来しながら，アタッチメントを発達させます。8ヶ月頃からは，見知らぬ人を区別し，人見知りをするようになります。人見知りの時期は，母親などから離れようとしなくなることがあります。この人見知りは，ネガティブなものではなく，特定の大人との間に強い結びつきを育むために必要なものです。

さらに，第3段階までに適切なアタッチメントを形成した子どもは，からだのくっつき（物理的な近接）から気持ちのくっつき（表象的な近接）へとアタッチメントを発達させます（遠藤, 2017）。何かあれば養育者がすぐに守ってくれ，気持ちを落ち着かせてくれたという経験を繰り返す中で，子どもは次第に，体がくっついていなくても「何かあれば守ってもらえる」という見通しをもち，安心できる感覚をもてるようになります。

■2-3　安全基地としての養育者

子どもたちは，アタッチメントを形成した養育者を安全基地として，少しずつ外の世界を探索し，徐々に自分の世界を広げていきます。

体を自由に動かせるようになると，子どもは，養育者のいるところを拠点として，自分から遠くのものを触ろうとしたり，興味のあるところへ行ってみたりしようとします（図6-1）。こうした外の世界に向かおうとする行動をボウルビィ（1976）は探索行動と呼んでいます。この時子どもは，養育者の表情を何度も確認しながら，養育者が自分を見守っていてくれると信じて外の世界へ飛び出してい

図 6-1　探索行動と安全基地①
（探索行動の開始）

図 6-2　探索行動と安全基地②
（何度も振り向いて確認）

図 6-3　探索行動と安全基地③
（安全基地としての養育者）

きます（図 6-2）。1歳前後の子どもは，何か行動をする前に，母親など重要な大人の反応をうかがい表情を確認することが知られています。そして，何か驚いたり，心細く不安になったりすると，気持ちを落ち着かせてもらおうと思いながら養育者の元に戻ってくるのです。この時，養育者は子どもにとっての避難場所であり，「安全基地」の役割をもちます（図 6-3)。このように，外の世界へと自分の興味を広げ，未知の世界に踏み出していこうとする探索行動と，安全基地である養育者の元に戻り，安心感を得ようとするアタッチメント行動が，うまく調和していることが望ましいと考えられます。

子どもが，母親，父親，また保育者の助けを借りながら，自分の世界を広げようとする時，最も重要なことは，大人が，子どもにとって安全基地であり，子どもにとって，何か驚いたり，怖いと感じたりすることがあると，いつでもそこに戻って心を落ち着けることができる存在であることです。大人は，どっしり安定して子どもを見守る存在であることが大切です（遠藤, 2017）。

また，子どもが必要とした時には，子どもをすぐに受けとめてあげられるよう，子どもの行動に目を配っていることも大切です。子どもが大人を探しても，大人がいつも別のことをしており，子どもを見ていないことばかりだと，子どもは不安になります。常に子どもを完璧にみている必要はありませんし，完璧にみようとすると大人の側の負担も大きくなります。そのため，たとえば，一日の中で集中して子どもと遊ぶ時間を設け，その時間は子どもの呼びかけにできるだけ答えるなど，メリハリをつけてかかわることも大切です。子どもが自分の世界を広げようとしている時には，声をかけて，「ちゃんと見てるよ」と伝え，子どもが泣いているときや助けを求めているときは，すぐに駆けつけ，励ましてあげることで，子どもは自分が守られていると感じることができます。

また，子どもとのかかわりにおいては，子どもの心の動きに敏感であることはとても大切です。子どもの様子から，「今はお腹が空いていて機嫌が悪いのだな」「少し甘えたいのかな，抱っこしてほしいのかな」と読み取ることで不快な気持ちを取り除いてあげられるようになります。ただし，特に必要とされないときは，子どもの活動にあえて踏み込まないこと，「侵害的でないこと」も大切です（遠藤，2017）。子どもが自分の世界を広げようとしている時に，危ないからと，先回りして止めてしまったり，子どもが不快な気持ちを感じないように先回りしておやつやおもちゃを与え過ぎたりしてしまうと，子どもは自分の力で世界を広げようという気持ちがなくなってしまいます。子どもの主体的な行動を尊重しながら，子どもが求める時には，適切に答え，守ってあげることが必要です。

第３節　保育の中のかかわりと援助

アタッチメントは最初，母親や父親など身近な大人との間に形成されますが，徐々に子どもが自分の世界を広げていくに従って，保育者との間にも形成されます。保育者は，子どもの発達に沿って，子どもの要求に敏感に答え，子どもが主体的に自分の世界を広げることができるようかかわっていきます。ここからは，保育の中のいくつかの重要な時期を取り上げながら，そこでの保育者のかかわりと援助をみていきます。

■3-1　入園の時期

保育所には，０歳で入園する子どもも多く，それまで家族の中でお母さんやお父さん以外の大人とほとんどかかわったことがないまま入園する子どももいます。そうした子どもにとっては，保育所での集団生活は，それまでの生活とまったく異なる環境の変化の連続です。保育者は，園見学や入園案内の際に，保護者と子どもに対して丁寧に園の生活を伝え，スムーズにスタートできるよう配慮します。

多くの園では，保護者と相談しながら，一週間程度の慣らし保育の期間が設けられています。初めは一時間ほどの慣らし保育から，午前中保育，そして一日を園で過ごしてみるまで，徐々に園の生活に慣れていけるよう段階的に働きかけます。それまで家庭の中で慣れ親しんだ関係の中で安心して生活していた子どもにとっては，保育所は初め，知らない人ばかりの慣れない場所ですので，保護者と離れたがらず，不安な気持ちを表すことが一般的です。少しずつ園の生活に馴染んでいくための，デリケートでとても大切な時期です。大泣きし，保護者を後追いすることもありますが，そのような行動は子どもの気持ちの表現としてとても大切です。保育者は，子どもがそうした行動の中で自分の気持ちをしっかり表現できていることを肯定的に受け止め，「新しいお部屋でびっくりしたね」「お母さんが行っちゃって寂しいね」と寄り添うことが重要です。その上で，抱っこやおんぶなど十分にスキンシップを取りながら，「今日はここでみんなで遊ぼうね」「先生が今日はずっと一緒にいるよ」と伝え，安心できるよう配慮します。

入園してからしばらくは，子どもだけでなく，保護者も初めて子どもと長い時間離れて過ごすため，不安でいっぱいです。そのため，送迎で顔を合わせる際には，保護者の不安な気持ちに寄り添い，園での子どもの様子を丁寧に伝えるようにします。朝，保育所に送って行った時には子どもが大泣きしていたような場合は，保護者も不安な気持ちで日中過ごしています。お迎えの時には子どもが笑顔で友達と遊んでいる姿を見たり，園で楽しく過ごしていた様子を聞いたりすることで保護者は安心することができます。

■3-2　少しずつ保育所に慣れていく中で

入園当初は慣れない環境で不安いっぱいだった子どもたちも，ひと月もすると徐々に園の生活に慣れてきます。5月の連休明けあたりからは，園の生活も軌道に乗り始めます。保育所には，子どもにとってワクワクするような遊具やおもちゃ，心が弾むような手作りの展示や壁面があり，そうした環境の中で，楽しく保育所に通えることが大切です。

また，毎日顔を合わせる中で，徐々に保育者に安心感を抱くようになり，不安な時や驚いた時に，保育者に助けを求めていく中で，安全基地として保育者が認識されていきます。そうして保育者が安心できる存在として認識され始める中で，子どもたちは保育者を求めて泣いたり，抱っこやおんぶを求めたりすることが多くなっていきます。一定時間，保育者に甘えながら過ごすことで，気持ちを落ち着け，次の活動に向かえるようになります。この時期は一対一のかかわりを大切に，子どもたちが安心して気持ちを落ち着けることができるよう心がけます。

クラス担任の存在は，とりわけ子どもにとって大切です。乳児クラスの間は，特に個別のかかわりを大切にしながら一人ひとりの気持ちに丁寧に寄り添うことが大切です。特定の保育者との関係を基盤として，子どもの世界は徐々に広がっていきます。保育所が子どもにとって安心できる居場所となるにつれて，積極的に遊び，友達やさまざまな大人とかかわろうとする気持ちが芽生えていきます。

■3-3　行事を通したかかわり

保育所にはさまざまな行事があります。七夕，お月見，クリスマス，節分，ひな祭りといった季節の行事も，園での生活の中で慣れ親しんでいくことでしょう。さまざまな行事を経験することで，季節の移り変わりを感じることができるだけでなく，保育者と一緒にワクワク楽しみにその日を迎えることで，時間の見通しをもつことができ，日常にメリハリができます。また友達と一緒に楽しいイベントを経験することで，仲間意識やつながりをもつことができます。

誕生日は，自分だけの特別な行事です。保育者からお誕生日カードをもらったり，朝の会で友達から「おめでとう」と祝ってもらったり，月ごとのお誕生日会でみんなの前で名前を呼ばれたりする中で，ひとつ成長した自分を感じることができます。

園の行事には，クラスごとに行うものもあれば，園全体で取り組むものもあります。運動会や生活発表会などでは，みんなで協力して一つのことを成し遂げる体験から，子どもたちはさまざまなことを学んでいきます。またクラスを越えたかかわりが生まれ，その中で年上の子どもたちを見て憧れの気持ちをもったり，年下の子どもを助け，手伝ってあげたい気持ちが芽生えたりすることもあります。保護者の方にも子どもたちの成長した姿を見てもらうことができます。

園の行事には，地域の方が参加される夏祭りや交流会もあり，地域の中で大切にされている，守られている安心感を感じることができるでしょう。

■3-4　年度末：次のクラスに向けて

年度末が近づくと，子どもたちは次のクラスのことが気になり始めます。2～3歳頃になると，上の学年への憧れの気持ちが大きくなり，「もうすぐ○○組さんになるんだよ。お兄ちゃん，お姉ちゃんになるんだよ」と，友達や家族に話す姿が見られ，新しいクラスへの移行を楽しみにするようになります。

保育者は，新しいクラスへの移行に向けて，徐々に準備をしていきます。これまでの1年間の楽しかったこと，成長したことをクラスの子どもたちと振り返りながら，次のクラスに向けて子どもたちが前向きな気持ちを作っていけるように心がけます。新しいクラスのお部屋に遊びに行ったり，上の学年と交流をしたりすることで，子どもたちが新しいクラスの様子を理解しスムーズに移行できるようにします。

年度末で担任が変わることや，退職することもあります。これまで毎日会っていた先生と突然会えなくなることは，子どもたちにとって心理的な負担となるため，徐々に見通しをつけておくことが大切です。進級式などで，「○○先生は，○○クラスに移るけど，引き続きみんなの成長を見守っていきます」というように，子どもたちに理解しやすい言葉で丁寧に説明することが望ましいです。

最終学年では，小学校への移行が意識されます。また，2018年に「幼稚園教育要領」「保育所保育指針」「幼保連携型認定こども園教育・保育要領」が改定され，小学校以降の学びへの接続が改めて重視され，幼児期の終わりまでに育ってほしい姿が示されました（表6-1）。こうした姿を意識しながら，環境を整え，活動を計画し，小学校以降の学びへとつないでいきます。ただし，こうした「幼児期の

表 6-1　幼児期の終わりまでに育ってほしい姿

・健康な心と体	・思考力の芽生え
・自立心	・自然との関わり・生命尊重
・協同性	・数量や図形，標識や文字などへの関心・感覚
・道徳性・規範意識の芽生え	・言葉による伝え合い
・社会生活との関わり	・豊かな感性と表現

終わりまでに育ってほしい姿」は，卒園を迎える年度の子どもに突然見られるようなものではないことに留意し，子どもの発達全体を見通し，必要な時期にこうした姿を念頭に置いて遊びの内容を組み立てていく必要があります。また，「保育所保育指針解説」に，「実際の指導では，「幼児期の終わりまでに育ってほしい姿」が到達すべき目標でないことや，個別に取り出されて指導されるものではないに十分留意する必要がある」（厚生労働省, 2018：73）と書かれているように，これらに固執するあまり，一人ひとりの発達や必要とする援助を見誤ることのないよう，子どもたち一人ひとりの発達を見極め，必要な環境と援助が与えられるように配慮する必要があります。

第 4 節　保護者との協力のもとで行う保育

保育所においては，子どもたちの保護者と協力しながら保育を行うことが求められますが，場合によっては，保育者は保護者への支援も担います。保護者に対して子育て支援を行い，家庭での子どもへのかかわりがよりよいものになることが，結果として子どもへの最善の利益の保障につながるからです。

保育所には，さまざまな事情から，特別な配慮を必要とする子どもや保護者もいます。特別な配慮を必要とするケースには，障害や，家庭的な背景，言語的・文化的な背景，あるいは社会的に不利な立場にあることから生じる生活上の困難などがあります。そうした子どもたちに対して，個々の事情に応じた適切な支援を提供しながら，すべての子どもたちを保育や教育の中に受け入れていこうとするインクルーシブの視点が最近ますます重視されています。こうした考え方を受け，保育においても，すべての子どもたちがともに過ごせる環境を目指しています。特別な配慮を必要とする子どもの中でも，発達障害の子どもたちについては8章で詳しく説明されますので，この章では，家庭的な背景とあわせて考えることが必要なケースについて，子どもへのかかわり，保護者へのかかわりの要点を説明していきます。

■4-1　貧困状態にある子どもとその家庭

「国民生活基礎調査」（厚生労働省, 2019）によると，現在日本では，約7人に1人の子どもが相対的貧困状態にあるといわれています。こうした子どもの貧困については，新聞などでも取り上げられ，社会問題として広く認識されています。

貧困状態にある子どもたちにとっては，保育所・幼稚園・学校といった，日中多くの時間を過ごす場所がセーフティネットとなるため，子どもの様子を見逃さず，適切な援助を行うとともに，安心できる場を作っていくことが重要です。貧困については，周囲と比べて引け目を感じたり，恥ずかしさを感じている場合もあるため，子どもが自分からSOSを出したり，窮状を訴えるということは考えられにくいといえます。そのため，周囲の大人の気づきが重要です。気づきのポイントとしては，衣服（体に合っていない服を着ている，洗濯をしていない等），子どもの様子（生活リズムの乱れ，空腹を訴える，無気力である，ぼーっとしている等），保護者の状況（負担金の納入が滞りがちである等）などがあります（社会福祉法人全国社会福祉協議会・全国保育士会，2017）。こうした気づきをもとに，園内で十分協議し，必要に応じて子どもや保護者に対応を行います。貧困の問題は，保護者の自尊心ともかかわるデリケートな問題ですので，何か問題が起こってから対応するのではなく，日頃から，悩みを打ち明けられるよう，保育者と保護者の信頼関係を築いておくことも重要です。

■4-2　育児不安を抱える家庭

核家族化が進み，地域のつながりが希薄になる中，子育て世帯が孤立しやすい状況が生まれており，育児不安を抱える家庭が増えています。特にコロナ禍以降，親の失業や経済的な困窮，家庭以外の場所や人とのつながりの喪失など，育児への負担がさらに増しています。

保育所では，子どもの様子，家庭の様子を観察し，小さな変化も見逃さず，普段と違うなと感じる点や，保護者と話す中で，育児不安がみられたり，心配な点があれば，引き続き経過を注意深く観察していくことが必要です。毎日送迎等で顔を合わせるなかで，できるだけ多く話をするように心がけ，様子を聞くように心がけます。保護者の思いを丁寧に傾聴し，十分な受け止めをしながら信頼関係を築くよう努めます。こうして毎日の保育を通じて，保護者の気持ちを受け止め，寄り添うことで，育児不安を和らげるとともに，保育の専門家として，助言を行うことが必要です。また，園庭開放や育児相談などを行い，保育所を地域に開かれた施設として活用することで，地域の子育て家庭の孤立を防ぐことも求められます。

子どもへの対応としては，担任を中心に，園の中で安心感をもつことができるよう，個別的で丁寧なかかわりを増やします。その上で，子どもの安全を最優先し，見守りの中でいつもと異なる様子が見られないかを注意深く観察します。万が一虐待が疑われるような場合は，その兆しにいち早く気づけるよう早期発見に努めます。

そして，万が一虐待の可能性が疑われたら，速やかに主任や副園長，園長といった管理職に伝え，組織的な対応を行っていきます。虐待対応といった難しい問題は，担任や特定の保育士が一人で抱え込んでしまうことがないよう，チームで対応することが大切です。その上で，保護者と信頼関係を維持しながら，関係機関と連携して援助します。

「子ども虐待防止法」には，保育者は，日々子どもやその家族と接するため，子ども虐待を発見しやすい立場であるとされ，その早期発見に努めることが求められています（「児童虐待の防止等に関する法律」第４条）。子ども虐待への対応として重要なのは，何かことが起こってから動くのではなく，常に予防的な観点をもち，虐待を未然に防いでいく取り組みです。

■4-3　外国にルーツをもつ子どもとその家庭

近年，保育や教育の現場には，海外にルーツをもつ子どもたちの数が増えています。こうした子どもたちにとって，文化の壁，言葉の壁を乗り越え，日本社会に溶け込むことは容易ではありません。さらに保護者の中には，日本語でのコミュニケーションに不慣れで，不自由を感じながら生活している人もいると考えられます。そのため，こうした子どもにとっては保育所・幼稚園，学校が重要な居場所となります。日本語の習得が十分でない子どもにとっては，日本語教育を受ける機会であり，また社会とのつながりを取り結ぶセーフティネットになります。保育者は，海外にルーツをもつ子どもたちが入所する際，彼らが，文化や言葉の壁によって園の中で孤立することを防ぎ，すべての子どもたちとの間で違いを理解し合えるよう配慮を行うことが必要です。

子どもの保護者に対しては，一方的に日本の子育てや文化を押し付けるのではなく，保護者の希望や家庭状況を丁寧に理解することが大切です。また，文化の違いや言葉の壁によって生じる問題については，日々のかかわりの中でいち早く気づき，寄り添っていく姿勢が必要です。日本語に不慣れな保護者の場合は，園の決まりを理解することや，毎日の持ち物の用意などにも困難をきたすことがあります。たとえば，保育所の持ち物をみても，乳児クラスであれば，おむつ，お手拭き，ガーゼ，給食エプロン，おやつエプロン，肌着，Tシャツ，長袖，短パン，長ズボン，午睡用布団などがあり，すべて揃えて登園することは容易ではありません。海外では，保育に必要なものはすべて貸し出しのところもあり，文化の違いに戸惑うことも考えられます。こうした困難を抱える保護者に対しては，実物や写真を見せながら丁寧に説明するとともに，場合によっては購入可能な場所を教えるなどの配慮も必要です。

また，お弁当保育や，所外保育，プールなどの際にも，文化的差異によるすれ違いが起こりやすいと考えられます。行事の際などに，保護者がお弁当を用意する場合などは，日本で一般的とされるお弁当が通じないこともあります。昼食は，パンと果物などシンプルなものをもたせることが当たり前の文化もあります。そうした文化の常識からすると，「キャラ弁」のような日本の凝ったお弁当文化には驚くかもしれません。こうしたすれ違いが起こらないために，事前に園のやり方を丁寧に伝えることはとても大切ですが，それと同時に，園のやり方を一方的に押し付けるのではなく，異なる文化を理解するよう努めることも大切です。宗教的な違い等の理由で，園のやり方ができない場合もあることに注意が必要です。何よりも，子どもがそうした文化的差異によって孤立してしまうことがないよう，子ども同士が違いを認め合えるような働きかけが必要です。

■4-4　保育者によるかかわりの留意点

特別な配慮を必要とする子どもや家庭への支援においては，まずは正しく状況を把握していくことが大切です。そしてその情報を，園の中で共有し，チームで対応していくことが重要です。特に，子どもの生命にかかわる重大な結果につながる恐れがある場合には，担任や特定の保育者が個別に対応したり，単独の判断のもと動いたりすることはせず，専門機関と連携しながら，保育所の組織全体で対応していくことが必要です。その中で，担任，主任，管理職が役割分担し，保育所全体がチームとして対応します。

特別な配慮を必要とする子どもとその家庭は，周囲から孤立していたり，助けを求める相手がいなかったりと，人間関係において困難を抱えている場合も多く，保護者自身が支援を必要としていることを忘れてはなりません。より手厚い支援を行い，誰もが安心できる保育環境を整えていく必要があります。また，そうした保護者の不安やつらさを受けとめ，批判的な態度で接するのではなく，ともに子育てをしているという安心感を抱いてもらうよう心がけます。子どもの最善の利益を保障するためには，保護者と保育者が協力して子育てを行うことが望ましく，そうした協力関係が築けるよう努める姿勢が何より重要です。

【引用・参考文献】

遠藤利彦（2017).『赤ちゃんの発達とアタッチメント――乳児保育で大切にしたいこと』ひとなる書房.

厚生労働省（2017).「保育所保育指針」〈https://www.mhlw.go.jp/web/t_doc?dataId=00010450（最終確認日：2023 年 3 月 21 日)〉

厚生労働省［編］(2018).『保育所保育指針解説――平成 30 年 3 月』フレーベル館.

厚生労働省（2019)「国民生活基礎調査」〈https://www.mhlw.go.jp/toukei/saikin/hw/k-tyosa/k-tyosa19/index.html（最終確認日：2023 年 5 月 7 日)〉

社会福祉法人全国社会福祉協議会・全国保育士会（2017).「保育士・保育教諭として子どもの貧困問題を考える――質の高い保育実践のために」〈https://www.z-hoikushikai.com/download.php?new_arrival_document_id=54（最終確認日：2023 年 3 月 15 日)〉

谷田貝公昭［監修］小櫃智子・谷口明子［編著］(2018).『新版実践保育内容シリーズ②人間関係』一藝社.

橋本祐子・西本　望［編著］(2019).『乳幼児教育・保育シリーズ　子ども家庭支援論』光生館.

ボウルビィ，J. ／黒田実郎・大羽　泰・岡田洋子［訳］(1976).『母子関係の理論　①愛着行動』岩崎学術出版社.

第7章
子育て支援の方法とその重要性

第1節　子どもを取り巻く環境の変化と子育て支援

■1-1　子どもを取り巻く環境の変化

子どもを取り巻く環境はここ数十年で劇的に変化しています。よく知られている『サザエさん』は，1946年に新聞連載が開始された漫画であり，それをもとにしたアニメです。サザエさん家族は，波平さん家族を中心に，長女のサザエさんとその夫のマスオさん，息子のタラオが一緒に暮らす二世帯同居の家族です。またご近所の方や親族が頻繁に家に出入りする，共同体としての家族のイメージが強くみられます。

一方，1992年にアニメが開始された『クレヨンしんちゃん』の家族はどうでしょうか。こちらは，父，母，きょうだいからなる核家族です。核家族というのは，夫婦と未婚の子どもからなる家族をいいます。このようなアニメに描かれる家族像を見ても，時代によって少しずつ変化していることがわかります。2010年と1920年の国勢調査を比較すると，祖父母や孫が一緒に暮らす三世代同居のような，拡大家族の割合が，4分の1程度まで減少しているといいます。

こうした背景には，産業化の進展による就労形態の変化が挙げられます。第一次産業から第三次産業への産業構造の変化の中で，それまで家族総出で労働をともにし家業を営んでいた家族の形が減少し，サービス業など第三次産業就業者が増加します。このことによって，農村部などで複数の世帯が同居するような家族の形から，若い夫婦を中心に都会で暮らす核家族の形へと変化してきました。

そうした都市化が進んだことにより，過疎地域と過密地域という二極化が生まれました。これによって過密化の地域では，自然環境が減り，原っぱなどの遊び場や異年齢児の遊びの群れが減ったといわれています。自然の中で年齢の違う子どもたちが群れを成して遊ぶ中には，遊びながらの発見や，学びも多くありました。遊ぶ中で個々の違いを知り，喧嘩の中で学ぶ人間関係もありました。しかし，過疎化地域では子どもの数が減少し，遊び合うことが難しくなり，自然はあっても子どもたち同士が群れることが減っています。こうした環境の変化により，遊びの中で自他の違いに触れる，自然な機会が減りつつあります。

■1-2　子育て環境の変化とのその支援

このような変化により，子育てを取り巻くコミュニティも変化しました。多くの家族が，近隣の子どもを我が子のように見て一緒に育てることが少なくなり，お互いにかかわりあうことが減ってきました。家族同士のかかわりや，地域のかかわりが減ることにより，子どもを取り巻く環境にも大きな影響を及ぼしました。たとえば今までは，家庭で母親が病気等の理由により一時的に子育てができない時があっても，別の家族が対応したり，近隣の親しい誰かが対応できていたものが，家で何かあっても，他者がかかわることが減ってきました。それぞれの家庭のことは家庭の中で解決し，互いの家族に干渉しないことが一般的になりました。

近隣のものが集まって何かをする機会が減ることにより，子育てが孤立していくことにもつながることになりました。今までは誰かがそばにいて，何かあれば，助けてもらうことができていましたが，自分に何かあっても，また，子育てに悩み苦しむことがあっても，一人で子育てをするという，孤独な子育てをすることにつながっていったのです。子育て中の不安の内容はさまざまです。自分の時間がない，身体の疲れ，気持ちの余裕がないなどです。これらの不安については，何らかの子育て支援があれば軽減されることも考えられます。また，子育てについての意識の中には，気分転換したい，誰かと話したい，子育てについて相談できる相手がいれば，というものがあります。このような問題については子育て経験者や保育士による子育て支援があればよいでしょう。子育ての大変さや辛さを理解し，寄り添っていくことが大切であり，子育てを，人と人のかかわりの中で支援をしていく必要があるということでしょう。保育においては，こうした時代の変化を念頭に置き，保育所に在籍する子どもの保護者，また地域の子育て家庭への支援を行う必要があります。

本章では，こうした社会状況の中，ますます求められる保育士による子育て支援について，保育所に在籍する子どもを対象に行われるものと，地域の子育て家庭を対象に行われるものについてそれぞれどのような方法で行われているのか具体的にみていきます。

第２節　保育所における子育て支援とその方法

■2-1　保育の中の子育て支援

保育の現場では，毎日子どもへの保育を行うだけでなく，子どもの保護者へのさまざまな支援も行われています。保育士は，日中，保護者が仕事等で保育ができない時間を引き受けることで，保護者と連携して子育てを行います。それだけでなく，保育の専門性を活かして，さまざまな働きかけを行い，保護者が家庭でも安心して子育てを行えるような環境を作っていきます。「保育所保育指針」の第４章には，「保護者に対する子育て支援を行う際には，各地域や家庭の実態等を踏まえるとともに，保護者の気持ちを受け止め，相互の信頼関係を基本に，保護者の自己決定を尊重すること」（第４章１(1) ア，厚生労働省，2017）と書かれています。このことからもわかる通り，保育者の思いを優先するのではなく，保護者の気持ちを第一に受け止め，信頼関係を基盤としながら，よりよい子育てを行えるよう一緒に考えて行く姿勢が大切です。

保護者とコミュニケーションを図る機会はさまざまですが，毎日の送迎時に子どもたちの様子を保護者に伝えたり，保護者の悩みに耳を傾けたりすることはもちろん，連絡帳でのやり取りや，お便り，日々の保育の様子を掲示することなどを通して，悩みを打ち明けられる信頼関係を築くよう工夫がなされています。また，保育参観，懇談会，家庭訪問といった機会では，保護者とじっくり向き合い，相談に乗ったり，子どもの成長をともに喜んだりする中で，保護者の子育ての負担を和らげ，一緒に子育てをしているという安心感を抱いてもらうことができます。

■2-2　子育て支援における基本的態度

保育の中では，基本的に一人ひとりの保護者を尊重し，ありのままを受け止める受容的な態度が求められます。保育士と保護者が連携し，保護者が安心して子育てができることが，子どもの最善の利益にもつながります。

保育士は何よりもまず保護者の悩みや意向にしっかりと耳を傾け，保護者の思いを理解することが大切です。しかし，「ありのままを受け止める」とは保護者の不適切な子育てを容認することではありません。「保育所保育指針解説」には，「受容とは，不適切と思われる行動等を無条件に肯定することではなく，そのような行動も保護者を理解する手がかりとする姿勢を保ち，援助を目的として敬意をもってより深く保護者を理解すること」（厚生労働省，2018：344）とあります。保護者の不適切な行動が見られた場合には，それをきっかけとしてより一層保護者を理解するよう努め，丁寧にかかわっていくことが大切です。不適切な行動の背景には，そうせざるを得ない保護者の苦しい心情があることを理解し，そこに寄り添う姿勢が何より大切です。

また，保育士は，保育の中で，子どもや保護者に関するさまざまな情報を知ることがあります。その中には個人情報も多く含まれます。保護者からの相談に乗る中で，家庭の状況や保護者の悩みを知ることもあります。こうした情報の取り扱いには十分注意し，プライバシーの保護や守秘義務を徹底する必要があります。ただし，子どもが虐待を受けている場合など，子どもの最善の利益に照らして正当な理由がある場合は，児童相談所等専門機関への通告を優先します。

■2-3　直接的なコミュニケーションを通した子育て支援

毎日の送迎時のコミュニケーションは，保護者に子どもたちの様子を伝える大切な機会です。保護者にとっては，保育士から子どもの様子を聞くことで，日々の子どもの成長を感じることができます。そして，家庭に帰ってからも保護者と子どもが「今日，給食ピカピカにしたんだってね！」「お絵かき上手にかけたんだね！」と保育所での様子を話すことで，日中の様子を共有することができます。家庭では保護者に甘えたい気持ちが強く，なんでもやってもらいたい子どもでも，保育所では，自分からお片づけができたり，着替えをたたんだり，自立した姿を見せることがあります。そうした家庭とは違った子どもの姿を知ることで，子どもの成長を感じることができ，「保育所ではちゃんとできているなら，家では少し甘えさせてあげよう」といったような気持ちの余裕も生まれます。

さらに保育士は，毎日の送迎時に，保護者の子育ての悩みに耳を傾けたり，保育の専門的知識・技術を生かして助言を行ったりすることで，保護者の子育ての力を向上させていく手助けします。たとえば，食事の場面に着目すると，離乳食の進め方，手づかみ食べからスプーンへの移行，スプーンからお箸への移行など，成長に沿って変化も大きく，子どもの生活全体を見通して適切なタイミングで支援していかなくてはなりません。保育士が専門的な知識を生かしてアドバイスをすることで，家庭でも共通理解をもって支援を行うことができます。

またたとえば，オムツ外しは多くの保護者が悩むポイントです。保育所では，周りの友達を真似てトイレで排泄ができる子どもでも，家庭ではなかなかトイレに行けないということがあります。このような悩みに対して保育士は，園での様子を伝えたり，時には行動見本を提示したりしながら寄り添います。トイレに誘導するタイミングや，子どもがトイレに興味をもてるような声かけなど，保育所で行っている工夫を伝えることで，保護者が家庭の中で実践できるヒントを提示しながら，保護者と一緒に取り組んでいきます。もちろん，オムツは早く外れた方がいいというような一方的な価値観を押し付けるのではなく，子ども一人ひとりが適切なペースで取り組めることを第一に考えます。そのため，保護者が急ぎすぎている場合には，無理のない自然なペースを伝えていくことも必要です。

■2-4　連絡帳やお便りを活用した子育て支援

連絡帳やお便りは，保護者に保育の様子を伝え，子どもの成長を知ってもらう上で大切です。特に乳児のうちは，離乳食をどれだけ食べたか，排泄・排便の状態，午睡の時間など，子どもの成長にかかわる重要な情報も多いため，連絡帳による個別のやりとりを行う場合が多いです。

連絡帳には，子どもの発達の重要な情報が記入されていることも多いですが，それ以上に，保護者にとって，子どもが毎日園でどのように過ごしているかを知ることができる大切なツールです。また，保護者からの記述の中には，子どもへの思いや子育ての悩みが綴られていることもあり，保育士はそのような記述に対しても見逃さず，寄り添っていくことが必要です。

さらに，園便りやクラス便りなどの文書を通して，園での子どもたちの様子を保護者に伝えることも子育て支援の一環です。お便りは月に１回など決まったペースで発行します。そうすることで，月ごとの保育の様子や行事などを伝えていきます。お便りを通して，園の理念や目標を共有することもできます。お便りによって，園に直接送迎にこられない保護者にも子どもの様子を伝えることができます。

■2-5　環境を活用した子育て支援

保育士は，保護者に対する直接的な働きかけだけでなく，環境を通して保護者を支えていくことも可能です。特に，送迎時に十分なコミュニケーションの時間を取ることができない場合や，直接的なコミュニケーションを負担に感じる保護者には，こうした間接的支援がより重要な意味をもつこととなります（亀崎, 2018）。保育士が工夫を凝らして展示したさまざまな装飾や子どもたちの作品，あたたかいインテリアなどは，保護者にとって子育てのヒントになることに加え，保育所が保護者にとってほっと安心できる場所になるためにも大切です。環境を通した子育て支援として大切なことは，まず，保護者自身がくつろげる場の環境構成です。そうした環境を通して，子どもも，保護者も，大切にされているという安心感をもつことができる場を提供することが，支援の第一歩となります（二宮, 2018）。

乳幼児を育てる保護者の中には，時間に追われてゆとりのない保護者も多くいます。季節に沿ったインテリアや装飾を工夫することで，保護者が季節を感じたり，伝統行事に触れることができます。また，園庭や室内でたくさんの植物を育てることは，自然なあたたかい環境につながります。季節によって変化する植物の様子に日々触れることで，子どもと一緒に四季の移り変わりを知り，自然の豊かさを感じることができます（図 7-1）。

図 7-1　子どもたちが育てている野菜

送迎時は慌ただしいことが多いですが，子どもと一緒に絵本を読めるスペースや，保育士や他の保護者と話ができる空間があることで，ほっと一息つけることもあります。そうした工夫によって，保護者の心理的なゆとりが生まれます。また，環境構成によって子どもの成長や園の保育実践への理解を深めてもらうことも大切です。それぞれの保育室では，子どもの作品を掲示したり，日々の保育や行事の様子を壁新聞として掲示したり，お誕生日を迎えた子どもの名前を掲示してみんなで祝ったり，さまざまな工夫を行いながら日々の子どもの成長を伝えています（図 7-2）。

そうした掲示を見ることで，保護者は保育の様子や子どもの成長を知ることができ，家庭の中での親子のコミュニケーションを促します。また，その月の保育目標や保育の方針が掲示されていることで，保護者の保育に対する理解を深め，子育ての方針を共有することができます。

図 7-2　おたんじょうびおめでとう

■2-6　保護者の状況に配慮した個別の支援

最近では，子どもや家庭を取り巻く状況の変化が大きく，さまざまな配慮が求められます。たとえば近年，子どもの貧困が大きな社会問題となっています。また，虐待の対応件数も右肩上がりに増え続けており，2020 年には児童相談所による対応件数が 20 万件を超えました。そのほか，障害をもつ子どもたちの保育所への入所も増加しています。そうした状況を踏まえ，保育の中でも，保護者のもつ個別のニーズに細やかに対応することがますます求められています。日々のかかわりの中で，子どもだけではなく保護者の様子もしっかり観察し，子育てに疲れていないか，心身の不調は見られないかといった保護者の精神面や体調面も支えていきます。対応の留意点としては，貧困や子育て不安等の問題はとてもデリケートな問題で，保護者からすると，家庭のことに踏み込まれたくないという思いがあることも考えられます。そのため，対応にあたる際は保護者の気持ちに充分配慮することが必要です。保育士の何気ない言葉により，子育てに悩む保護者の自尊心を傷つけないよう充分注意し，配慮することが大切です。

保育所は子どもたちが日中の多くの時間を過ごす場であり，家庭での子育てを補完する役割をもつだけでなく，万が一家庭で不適切な養育があった場合，早期に発見し適切な対応を行わなければならない立場です。そのため，子どもの成長を家庭と一緒に支えながら，家庭では難しい部分を補い，その中で細やかに子どもと家庭の様子を把握できなくてはなりません。子どもが日中安心できる場を作っていく中で，声かけを多くするなど触れあう機会を増やし，充分な受け止めをします。その上で，子どもの様子を毎日観察し，少しでも変わった様子があれば，園内で情報を共有しながら対応していきます。

虐待の疑いがある場合など，子どもの生命にかかわる重大なケースの場合は，担任など特定の保育士だけに対応を任せるのではなく，園内の職員で情報を共有し，組織として対応することが大切です。関係機関と連携しながら対応することも必要になりますので，児童相談所などへの通告ルートを確認しておきます。そして，子どもの様子を観察する役割，保護者とコミュニケーションを取る役割，関係機関とやりとりする役割など，いくつか役割分担をし，チームとして対応に当たります。

第３節　地域の子育て家庭への支援とその方法

前述の通り，子育てを取り巻く社会の状況は大きく変化しています。地域のつながりが薄れる中で，子育ての不安を抱え，孤独の中で子育てを行っている家庭が多くあります。そのため，保育所では，その保育所に通う子どもと保護者への子育て支援だけでなく，地域で子育てを行う家庭への子育て支援も担って行く必要があります。

「保育所保育指針」にも，地域に開かれた子育て支援として，「保育所は，児童福祉法第 48 条の 4 の規定に基づき，そのおこなう保育に支障がない限りにおいて，地域の実情や当該保育所の体制等を踏まえ，地域の保護者等に対して，保育所保育の専門性を生かした子育て支援を積極的に行うよう努めること。地域の子どもに対する一時預かり事業などの活動を行う際には，一人ひとりの子どもの心身の状態などを考慮するとともに，日常の保育との関連に配慮するなど，柔軟に活動を展開できるようにすること」（第 4 章 3（1）イ，厚生労働省, 2017）と指針が示されています。

■3-1　地域の子育て支援の拠点としての保育所

たとえば，在宅で子育てをする保護者にとっては，一日中子どもとつきっきりであることや，家庭以外に子どもを遊ばせる場所がないことが大きな負担になっていると考えられます。そのため，多くの園では，預かり保育など地域に住む親子への子育て支援を行っています。時には，保護者が急病の場合や，育児疲れで一時的な保育が必要な場合にも対応しています。その中で，保護者がほっと一息つけたり，リラックスできたりすることが目指されています。

図 7-3　園庭開放①

図 7-4　園庭開放②

また，園庭開放なども行い，いつもと違う新鮮な場所で親子が遊べる機会を提供しています（図 7-3, 7-4）。さらに，保育所は，保育の専門機関であり，充実した施設・設備が備わっているだけでなく，専門的知識と技術をもつ保育士の存在など，子育てに関するさまざまなノウハウが蓄積されています。地域の家庭に対しても，そのノウハウを生かし，子育ての相談に乗るとともに，適切な助言や指導を行っています。園庭解放などで訪れる親子に対し，さまざまな悩みに耳を傾け，時には医療機関や児童相談所，地域の子育て支援課などと連携を取ります。相談にあたっては，保護者の話を傾聴し，気持ちを受け止めるとともに，保育士の側の価値観を押し付けるのではなく，保護者が自己決定できるよう，必要な知識を提供します。その中で，子どもと保護者にとって最もよい形で子育てが行えるよう支えていきます。

■3-2　保育者養成校で行われる子育て支援

保育者養成校においては，地域の親子への子育て支援と，学生の実践的な学びを目的として，教員と学生が主体となりさまざまな子育て支援の取り組みが行われることがあります。保育者養成校で行われる子育て支援の具体例として，「広場型」で学生が出し物をして子どもたちに遊びを提供するもの，講師を招いて保護者が学ぶ「教室型」，学生が発表するものを見る「鑑賞型」が多いでしょう。時には，学生が幼稚園に出向いて未就園児を支援するものもあります。

図7-5では「子育てひろば」で学生が未就園児に絵本の読み聞かせをしています。図7-6では親子と学生が遊んでいます。このように，学生が支援の場に参加して，個々の親子にかかわることも多くあります。

学生たちは，実習の中で，入園児の子どもの姿を見ることやかかわることはあっても，未就園児やその保護者とかかわることは少なく，このような経験によって，入園前の親子の様子を知ったり，理解したりすることができます。親子にとっても学生とのかかわりは，楽しいものと思われます。子どもと遊んでもらうひと時が，身体を休め，心を休める時間になることもあります。それによって，ほっとする保護者もいるでしょう。しかし，子育てについて悩んでいる保護者にとっては，広場型で楽しく過ごすほかに，自分の悩みを聞いて理解し，寄り添ってくれる存在が欲しいかもしれません。このようなときは，子育て経験者や保育士などにも来てもらい，相談コーナーを作っておくことも必要です。ゆっくりしたい，ほっとしたいという気持ちに寄り添うことができたとしても，悩みを聞いてほしい，発達について教えてほしい，具体的にどうしたらよいのかア

図 7-5　学生による絵本読み聞かせ

図 7-6　子どもと遊ぶ学生

ドバイスが欲しいといった子育て支援には，学生の広場型子育て支援だけでは，対応が難しいこともあります。保護者に子育ては大変だけど楽しい，子どもが可愛い，成長が楽しみと思えるような子育て支援が必要です。

子育て相談コーナーは親子にとっても，人気のあるコーナーです（図 7-7）。子どもが遊ぶ傍らで，子育て支援者が，困っていることなどを聞きながらみんなで共有し，気持ちを汲み取り，悩みに答えていきます。さまざまな悩みに向き合いますが，他の親子の悩みは自分の悩みと同じであったり，似ていたりするので，他人事と捉える親子は少なく，一緒に聞き，学ぶことができます。みんなの前では話せないという親子には，後で一人ひとりの話しを聞き，話し合います。個別で話したい親子も多いため，時間も多めにとっておくことが必要です。相談コーナーには，個別対応の子育て支援者も数名いるとよいでしょう。鑑賞型，参加型などで十分支援できること

図 7-7　子育て支援者による子育て相談コーナー

はありますが，子育て支援者のコーナーを設置しておくとさまざまなニーズに応えることができます。親子が，「楽しかった」，「また来たい」と思える支援が大切です。子育て相談コーナーでは，とても深刻な話もあります。たとえば，子育ての負担があまりにも大きくて子どもを育てる自信がない，周りの子どもとの発達の差を見るととても苦しい，自分を理解してくれる人がいなくて寂しいといった内容などです。まず，相談を受けた担当者が保護者の気持ちに添えるかが大きなポイントでしょう。ここで受け止めないと二度と相談には来ません。思い切って話してくれたということに感謝しながら，寄り添います。たくさんの話を聞くことが一番の支援となります。子育てが保護者一人きりであれば，子どもを預けられるところにつなぐ，発達が本当に心配されるようであれば病院などにつなぐなども必要な支援です。また，虐待が疑われるようなときは，児童相談所にもつなぐことも考慮に入れます。子育て支援者は話を聞きながら，多角的に判断する力も必要となります。決めつけてしまうと保護者を助けるどころか傷つけてしまうこともあります。支援者が支援の仕方について迷ったときには，他の支援者の話を聞いて総合的に考えることも必要となります。支援者は子育て経験豊かな人や，保育士などの資格をもつ人がよりよいと考えられます。

子育て支援の活動に参加した学生は，この経験から多くのことを学べます。未就園児の子どもの様子や入園する前の親子の様子など，子ども自身のことと親子の関係について学べるでしょう。また，子育ての様子を知る機会にもなります。子育ての大変さや，楽しさ，また，苦しみや喜びを，実際の親子とかかわる中で学べるでしょう。そして，保育者の仕事を垣間見ることもできるでしょう。子育て支援を経験することによって，保育者の仕事の一つを学ぶことにもなります。実際，子育て支援に参加した学生からは，「お母さん／お父さんって大変」「未就園児はお母さん／お父さんが大好き」「子どもが欲しいと思った」「入園している子どもと比べて，話を伝えることが難しい」「子育ては思う以上に大変だということがわかった」などの意見があり，経験からの学びの声がありました。実際に見ること，経験することは大きな学びにつながっていきます。

その他，子育て支援では学生が幼稚園などへ出向く方法もあります。あらかじめ練習したプログラムを披露するなどの鑑賞型，または，親子と一緒にダンスをするなどの参加型を組み合わせて行ったりします。図 7-8 は親子と一緒にダンスをしています。図 7-9 はあらかじめ練習した手遊びを披露しています。このように学生にもさまざまな支援ができます。受け入れてくれる園や施設があれば，積極的に参加することで，親子の様子やかかわり方を学ぶことができ

図 7-8　一緒にダンス

図 7-9　手遊び

るでしょう。

第４節　子育て支援の重要性と課題

子育て支援は，家庭支援にもつながっています。家庭支援が求められる背景として，三点が挙げられます（大豆生田ら, 2014）。第一には，家族機能の弱体化です。子育て家庭の孤立化，密室育児，共働き家庭の増加，ひとり親家庭の増加，親世代のライフスタイルの変化，親世代の親になるための経験不足等があげられます。第二には地域の子育て力の低下です。具体的には近隣のつながりの弱体化，異世代交流の場や機会の消失，子どもの遊び場の減少などがあげられます。第三には，保育所にも幼稚園にも所属していない未就園児の存在です。家族機能が弱体化し，地域で孤立する親子が増大する中で，どこにも所属していない親子をいかにサポートしていくかが大きな課題となります。保育所や幼稚園にいる子どもたちは，保育者などの気づきで子育てや家庭の支援ができますが，どこにも属していない場合，その家庭の中で何が起こっているか，大変な思いをしていても見えない，見つけることができないところに難しさがあります。

家庭内での問題が積み重なると，そのリスクは幼い子どもたちに向かってしまいかねません。親が社会から孤立した状態で，家庭内のさまざまな問題がふくらみ，どうにも解決できない状況で生活ストレスが増大すると，それが自然に解消されるわけではなく，むしろ重層化していくことがあります。そうした困難の累積の結果，子どもへの虐待が起こる可能性が指摘されています（伊藤, 2017）。このように子育て中の親は，自分一人では解決できないことを背負っているといえるでしょう。この点を支援するものは理解し，支援していく必要があるでしょう。

保育士が行う保護者支援においては，保護者が子どもの養育に関する責任を有する「養育責任者」であるとともに，その保護者が子育て支援を必要とする場合には，「支援対象者」であるという二重性をもつことに留意する必要があります（亀崎, 2018)。子どもの最善の利益を保障するためには，保護者がまず子どもへの子育てに向き合い，その養育における責任を担っていくことが求められますが，それが難しい場合には，保育士等が家族のそばで支えながら保護者の力を引き出し，親子が良好な関係を築く一助となるようかかわっていくことが必要です。

その一方で，見えないところで悩んでいる親子や，支援者たちから見えない親子こそが本当に支援を必要としている場合が多いのも事実です。この部分は見えないだけにとても難しいところです。家の中で親子だけで過ごす場合，悩みの深さや苦しさが支援者には伝わりにくいことがあります。このような親子への支援は今後の課題の一つです。つまり，未就園児であり，保育所やこども園などに属していない，子育てセンターなど子育てに関する悩み相談もしない，公園などの他の親子ともかかわらない，家の中で親子だけで過ごし，どこにも属していない親子への支援はとても難しいのです。このような親子に伝わるような子育て支援が今後必要になるでしょう。外にいる誰かとかかわってみたいと思えるような支援が求められています。見過ごされそうな部分でもあり，また，難しい支援となっています。

また，支援者の質も問われるようになってきました。現在のように保育者不足が続くと保育者が疲弊してしまい，目の前にいる子どもと向き合うだけで手いっぱいになることが懸念されます。保育者の疲れが保護者支援の脆弱化にもつながるでしょう。保育者が自らの保育や子育て支援を学べることや，振り返ることができる時間や空間が必要です。人数の確保も必要ですが，保育者がよりよい保育と子育て支援ができるように，保育者自身を援助できる体制が必須です。園内研修や園外研修にも参加できる時間や余裕が大切です。そして何よりも園全体で子どもたち，保護者を受け入れることができる環境が大切でしょう。園全体で連携して子どもや保護者の支援ができると，保育者一人が悩み，抱え込むことを減らしていけるでしょう。負担を軽減させることにより，保育者は心の余裕もでき，前を向いて保育，子育て支援も行うことができます。

【引用・参考文献】

伊藤嘉余子（2017）.『家庭支援論』ミネルヴァ書房.
大豆生田啓友・太田光洋・森上史朗［編］（2014）.『よくわかる子育て支援・家庭支援論』ミネルヴァ書房.
亀崎美沙子（2018）.「保育の専門性を生かした子育て支援――「子どもの最善の利益」をめざして」わかば社.
厚生労働省（2017）.「保育所保育指針」〈https://www.mhlw.go.jp/web/t_doc?dataId=00010450（最終確認日：2023年3月21日）〉
厚生労働省［編］（2018）.『保育所保育指針解説――平成30年3月』フレーベル館.
二宮祐子（2018）.『子育て支援――15のストーリーで学ぶワークブック』萌文書林.
林　邦雄・谷田貝公昭［監修］（2012）.『相談援助』一藝社.

第8章

幼児期に望ましい遊びの環境と保育者の援助とは

第1節　はじめに

ここでは3歳児から就学前の幼児に焦点を当てて述べていきます。主に幼児期の子どもの姿と遊びの環境，子どもへの支援や援助について，また，特別な援助が必要な子どもの支援，今後の課題について述べます。

幼児の理解や発達段階や個々の発達の違いなどについては，乳児期と同じように理解と援助が必要です。また，小学校へつないでいくという意味では，保育所，幼稚園，認定こども園などどこに所属していても，同じように子どもたちを保育，教育をし，支援や援助をしていく必要があります。小学校への接続といっても，5歳児だけを考えて保育するのではなく，今，目の前にいる子どもたちをどのような環境で，どのように支援や援助していくのかが，大切なポイントとなるでしょう。3歳児，4歳児，5歳児はそれぞれ発達に大きな違いがあり，それによって環境や保育の抑えるべきポイントもおのずと変化してきます。子どもたちの変化に保育者は気づき，子どもの様子を日々見ながら環境を整え，子どもたちの発達に即した支援や援助を行うことが大切です。

第2節では3歳児，4歳児，5歳児に望ましい遊びの環境と保育者の援助について，具体的に述べます。第3節では特別な支援が必要な子どもの望ましい遊びの環境と保育者の援助について述べ，第4節では保育者の課題について述べています。保育者の課題は常に保育者自身で見つけて，解決していこうとする努力が必要となります。時には他の保育者とともに共有していくことで解決の糸口を見出すことができるでしょう。課題を意識することは保育者自ら成長していくことにつながります。保育者の成長が子どもにとって，よい人的環境となるのです。保育・教育する保育者は子どもとかかわりあい，ともに成長していくことが望まれます。

第2節　幼児期に望ましい遊びの環境

■2-1　幼児期の子どもの姿

ここでは，3歳児の子どもの姿について述べていきます。3歳児になると，自分でできることは何でも自分でしたいと思うようになります。2歳児の頃のように自分でしたい，でもできないと助けて欲しいという思いから，自分でしたいという思いの方が強くなります。自己中心的に見えるかもしれません。興味のあることは何でも自ら進んでするようになります。友達のしていることに興味をもち，周りを見ながら遊ぶようになります。平行遊びから，友達と遊びたい，一緒にしたいと思うようになり共同遊びができるようになってきます。その中で，お互いにしたいことが重なると喧嘩になったり，揉めたりもします。自分の気持ちを言葉で伝えられないこともあり，時には言葉にならず，手が先に出てしまうこともあります。これらの様子は，自分でしたい，やり遂げたいという気持ちが強いということを意味します。このような揉め事などは，子どもの成長にはとても大切であり，自分の思い通りにならないこともあるということを学んでいきます。「貸して」「いいよ」などのやり取りは，我慢したり，友達の気持ちを汲み取ったりできる基礎を作っていくのです。

運動面の発達では，気持ちと連動して身体を動かせるようになります。ぶらんこを上手にこいだり，のぼり棒を登ったり，簡単なゲームも理解して走って遊ぶこともできるようになります。片足立ちもできるようになります。手指の操作も巧みに動かせるようになってきます。食事時のお箸使いもだんだん上手になってきます。同時にはさみなども上手く使えるようになり，簡単な切り紙もできるようになります。粘土遊びでは，見立てて遊ぶこともできるようになり，手指も器用に動かしてお菓子や動物を作ります。この頃の粘土遊びでは，平面で表すことはできても動物等を立体的に作ることはまだ難しいです。粘土遊びでは，作っては壊し，壊しては作ることを繰り返します。積み木遊びでも，積み木を積んでは壊し，壊しては積むという姿が見られます。この頃は，変化を楽しむ姿が見られ，じっくり作り上げるよりも，むしろ変わることを楽しむ面があります。

描画活動では紙いっぱいに丸を描くファンファーレや，3歳児後期から4歳児前期には顔から手や足が出ている頭足人の絵を描くようになります。また，説明をしながら描く，独り言を言いながら描くこともあります。経験したことを描くことは確かな経験につながっていきます。遠足のあと，運動会のあとなどの描画活動は，経験を振り返ることにもなるのです。描きながら思い出し，楽しかった，嬉しかったなど気持ちをもちながら描くこともあるのです。

次に4歳児の子どもの姿について述べていきます。4歳児は自分でやりたいこと，したいことを発見し，少し困難なことにぶつかっても再度，挑戦しようとする姿が見られてきます。友達の様子を見て自分の遊びに取り入れ，もっと工夫してみようとします。繰り返し挑戦して乗り越えていくことで，自分への自信につなげていきます。簡単に諦めず，粘り強く取り組む姿が見られるようになります。我慢することを身につけて，自制心も育っていき，友達とも協力して遊ぶようになります。友達の気持ちを理解しようとするとともに，自分の気持ちを言葉で伝えようとするため，3歳児のような自己中心的な様子がだんだん減ってきます。

運動面では自分が思うことが自然にできるようになります。平均台を落ちないようにゆっくりわたることもできるようになります。また，跳び箱の段差なども登り方，下り方も考えながら行動できるようになります。リズムに合わせて身体を動かすこともできるようになり，階段を駆け上がったりすることもでき，身体の調整能力も上がってきます。マットや平均台，跳び箱などを利用してサーキット遊びができるようにもなります。簡単なルールを理解して，遊びの幅もだんだん増えていきます。ルールを理解し，競争することも楽しいと感じて夢中になって遊べるようになってきます。

手指の巧緻性も上がり，お箸で食事ができるようになります。さまざまな材料や道具を使用して制作活動も盛んにできるようになり，作ってみたいものをイメージして，それに近くなるように試行錯誤を繰り返すようになります。失敗しても，再度挑戦する姿も見られます。また，友達の作っているものに興味をもって自分の遊びにも取り入れていく姿も見られます。4歳児では，作ってはこわす形の変化を楽しむ時期から，自分の考えるものを作ろうとし，試行錯誤をしながら作り上げようとする時期になってきます。

言葉も，少しずつですが文脈を作って話せるようになってきます。思ったこと，感じたことを言葉にして話そうとします。しかし，なかなか言葉がつながらないときは「あのね，あのね」と考えながら話ことも多く，すらすらとつなげて話すことがまだ難しいこともあります。

では5歳児ではどのような子どもの姿があるでしょうか。5歳児になると，集団の中でしっかり話を聞くことができるようになります。また，みんなで決めたことを実行できるようにもなります。複雑なルールもわかるようになり，一つの目標に向かいグループで協力しあう姿も見られるようになります。運動会などで，グループで競争することも楽しんでできるようになります。友達同士で約束事や決まりを作ってそれを守って遊べるようになり，ともに積極的に遊べるようになってきます。子ども同士のルール作りも，自分たちで積極的に話し合い決められます。5歳児になると，他者からどのように自分が見られているのかを気にするところも見られます。決まったルールを守り，自分勝手に行動しないようにしようとします。揉め事や喧嘩があっても，自分たちでルールを見直したり，修正したりし，さまざまな揉め事も自分たちで解決しようとします。

また，身体面では4歳児よりもより俊敏に動けるようになり，鬼ごっこなどでも，氷鬼，色鬼など複雑なルールの遊びも楽しんで行います。鉄棒では，前回りができるようになってきます。身体を伸び伸びと動かして，マットや跳び箱，平均台などでも遊ぶことができるようになります。ゆっくり慎重に動くこともありますし，自信があれば俊敏に動きます。

言葉の発達では対話や会話を楽しみます。話も文脈を考え，道筋を通して話せるようになってきます。友達の話も聞いて理解し，互いに認めあうこともできるようになります。共通の話ができるようにもなるのです。話し合って決めることも難なくできるようになってきます。

5歳児での描画は「カタログ期」といわれる時期となり，知っているものを次々と描きます。太陽，家，雲，私，僕などをまるでカタログのように描きます。この時期は「図式期」ともいわれます。この時期は，「ベースライン」として地面を描きます。地面上に，家や花，自分を描き，雲や太陽は紙の上部に描きます。自分を中心として描くので，自分のそばにあるものは，ベースライン上にあり，自分より上部にあるものは上に描くようになります。同じような絵を描きますが，これは，真似をしているのではなく，発達段階の一つなのです。

種や苗から植物を育てることにも興味をもち，自分で育てたものを収穫して，調理して食べるなどの行動も積極的に行います。また，小さな生き物を見つけて育てる事も好んで行います。登園時に見つけた虫や家で見つけた虫，園庭にいる虫などを飼うようにもなります。生き物の育て方にも興味をもつようになります。また，飼い方を調べて試してみたりもするようになってきます。自分で育てた虫が成長していく姿に喜びを感じられるようにもなってきます。

■2-2　幼児期の遊びと環境

はじめに，3歳児の遊びと環境について述べていきます。3歳児は遊びたいもので遊ぶ，夢中になって遊べることが最も大切です。図8-1，図8-2のようなコーナー遊びができるところも作っておき

図 8-1　粘土遊びコーナー

図 8-2　おままごとコーナー

ましょう。特におままごとコーナーはどの子どもも好きなコーナーです。運動遊びでは園庭で伸び伸びと遊べるように広い空間を取りましょう。3歳児は夢中になって遊ぶため，ぶらんこなどの周りに走っていくこともあります。はっきりした枠を取るなどをしてぶつからないように環境を整えましょう。安心・安全な環境はとても重要です。運動遊びではケンケンパーができるように園庭に丸を描いておくと自然に遊べます。遊具については先ず，危険の無いように，遊び方を伝えましょう。初めて使う遊具もあるため，誤って使用しないようにすることが大切です。時には，園にあるマットや跳び箱を使い，簡単なサーキット遊びなどをしましょう。3歳児が少し頑張れる程度の難しさがあれば，意欲的に遊べるでしょう。

室内では，子どもが安心できる居場所作りは大切です。子どもが居心地良い，ここにいると落ち着くと思える空間を心がけましょう。特別な空間でなくても，いつもあるという環境も大事です。特に，3歳児で入園してきた場合，不安にならないように，いつもここが自

図 8-3　広い園庭（だるまさんがころんだ）

分の居場所というところを作っておきましょう。ゆったり遊べるコーナー遊びの場を作っておくこともよいでしょう。何よりも安心できる環境が大切です。

次に 4 歳児の遊びと環境について述べていきます。4 歳児になると，簡単なルール遊びができるようになるため，園庭での鬼ごっこもよい遊びの一つです。図 8-3 のように広い園庭で，だるまさんがころんだなどの遊びもよいでしょう。広々とした園庭で伸び伸びと遊べる環境を大事にしましょう。4 歳児になると，ルールを守って遊べるようになります。ルールを破ってまで勝ちたいと思わなくなるためです。友達と楽しんで遊べるようになってきます。小動物や虫とのふれあいや，自然の中で遊ぶ環境も大切です。小動物をかわいがったり，自然の中で感動したりもできるようになります。また，園庭では，図 8-4 のように色水遊びなど自由に遊べるように環境を整えておくことも大切です。色々な色を混ぜて色に興味をもてたりもします。

図 8-4　園庭　色水遊びコーナー

色の変化を楽しむことにもなります。見立て遊びをしてジュース屋さんに発展したりします。時には，3歳児と，5歳児と一緒に遊べる空間もあるとよいでしょう。また，室内では，コーナー遊びも大切です。また，自由に制作するコーナーやゆったりとした絵本コーナーも大切です。子どもたちが集中して遊べる環境を整えましょう。

　また，工作などでは，道具なども少しずつですが，上手に使えるようになってきます。のりやはさみだけではなく，セロテープやガムテープなども使える子どももいますし，絵具も使えるようになりますので，発達に合わせてさまざまな材料や道具も用意しておきましょう。

　では5歳児の遊びと環境はどのようなものでしょうか。5歳児になると，複雑なルールも理解して遊べるようになるため，サッカーやドッジボール，高鬼，氷鬼，色鬼なども好んで遊びます。伸び伸びと身体を動かして遊べる内容のものを保育者から提案し，説明し

図 8-5　どんぐり転がし制作コーナー

図 8-6　折り紙コーナー

て，共に遊ぶこともよいでしょう。また，さまざまな用具にも触れて遊べるように，跳び箱やマット，三角コーン，平均台，鉄棒などを取り入れたサーキット遊びなどもよいでしょう。成長を見ながらより難しいルールに変えてみることも，遊びの発展につながります。様子を見て，幅や広さを変化させることも環境の一つです。制作活動では，自分の作りたいものを決めて，創造力を発揮できるような環境つくりをしましょう。自分の考えるものに近づけられるように，用具や道具も多種揃えておくことも必要です。4 歳児では使えなかったものも，5 歳児では使いこなせる場合も多いです。また，時には友達に協力してもらいながら作ることができる環境構成を考えておくことも重要です。図 8-5 のように，みんなで制作できる場所を確保しておくこともよいでしょう。一日で終わらず，何日もかけてみんなで制作に取り組める環境も必要です。また，図 8-6 のように，

図 8-7　種の収集コーナー

図 8-8　虫の飼育コーナー

自分で折り紙が折れるように折り紙の折り方を書いておいて，自分で折り紙を折れる制作コーナーも 5 歳児では楽しめる環境です。

自然に触れることはとても大切です。虫などを育てることも 5 歳児は得意になってきます。保育室や廊下などで虫を飼うコーナーを作り，子どもの興味関心が自然に向けられるように環境を整えることも大切です。図 8-7，図 8-8 のようなコーナーを作るのもよいでしょう。

■2-3　幼児期の子どもへの支援と援助

はじめに，3 歳児の支援と援助について述べていきます。3 歳児の保育者の援助や支援のポイントとしては，3 歳児の自分でする，自分でしたいという気持ちを受け止め，できるだけ子どもの気持ちを優先できるように支援しましょう。自分で頑張ってやり遂げたことにより，自信をもち，やがては自己肯定感につながっていくことを保育者は忘れてはいけないでしょう。この時期は子ども同士の揉め事があることが多いため，子どもそれぞれの想いを受け止めながら気持ちに折り合いが付くように支援，援助を心がけることが大切です。「ダメでしょう」「貸してあげなさい」という言葉かけでは，子ども自身は悔しい思い，腹立たしい思い，悲しい思いしか残らないでしょう。自己主張や，自己中心的なところを寛容な気持ちで見ていくことが大切です。また，自己主張が自制心につながることを意識してかかわっていきましょう。やりたい気持ちや，自分で成し遂げたい気持ちを保育者が受け止めることが大切です。また，「一緒にしようか」「すこし待ってね」などの言葉かけも，子どもの気持ちの切り替えにつなげていけることを理解しておくことが必要です。気持ちを切り替える経験は自制心につながります。子ども同士がぶつかり合った時にはお互いを認めあえるような言葉かけを心がけましょう。3歳児の発達を知り，保育者がかかわることによって，言葉で伝え，お互いの気持ちがわかる子どもの成長へとつなげていくことができるのです。

特に，3歳で入園をしてきた子どもにとっては初めての経験が多く，不安な気持ちに寄り添い，何かあれば保育者がいるという安心感がもてるように，保育者自身もよい環境の一つになりましょう。園で一番安心できる人が保育者であることは，子どもにとってはとても重要なことです。子どもだけではなく，保護者の不安にも寄り添うことが必要です。子どもを一緒に育てていくことを保護者に伝え安心してもらうことも，大切な支援と援助です。

次に4歳児の支援と援助について述べていきます。4歳児の保育者の援助や支援のポイントとしては，個々の育ちに違いを理解しつつ，身体的な動きを踏まえて遊びを提供していくことが大切です。規範意識も高まってきて，簡単なルールを守って遊べるようにもなるため，ゲーム遊びも取り入れていきましょう。じゃんけん列車やいす取りゲームなどもできるようになります。伸び伸びと園庭で遊ぶ鬼ごっこや，だるまさんがころんだなど，ルールを説明しながら保育者も一緒に遊ぶことも必要です。また，自分の言葉で話そうとしだすので，ゆっくり受け止め，子どもが話したい内容を聞き取り，言葉を待ってみる，少し言葉を添えてみることもよいでしょう。伝わる喜び，伝える喜びが味わえるようにしていくことが大切です。子どもが話す言葉を待てずに「〇〇なんだね」と言ってしまわず，確認しながら「そうなんだね」と相槌を打って待つことも必要です。制作なども他の子どもの様子を見ながら作ることもあります。「じっと座って」と言ってしまわず，友達の制作を見に行くことも遊びながら学ぶことにつながるため，ゆっくり時間をとっておきましょう。どんな道具を使っているのか，どんな色を使っているのかなど，他者から学び取る場合も多いためです。保育者が「こうしたらよい」と言ってしまわず，子どもが主体的に「こうしたい」と思い，行動できることが大事なのです。

自然の中で遊ぶことやさまざまな生き物に触れることで，感動や発見を得ることができます。園庭や戸外に出ることも積極的にしましょう。季節を肌で感じることもできます。また，今まで気づかなかったことに改めて気づき，感性を深めることができます。保育者は子どもの気づきにともに喜び共有していくことが大切です。

では5歳児の支援と援助はどのようなものでしょうか。5歳児の保育者の援助や支援のポイントとしては，5歳児になると友達や保育者と積極的に遊べることを大切にすることです。保育者は，遊びを通して多くのことを子どもたちに伝える，気づける，考えられる支援や援助を行うことが大切です。遊びの中で，子どもは，自制心や想像力を育んでいきます。夢中になって遊ぶことで，子どもは自信や意欲も育むことができるのです。また，保育者の接し方によって，子どもの感性もよりよく育つのです。このころの子どもは，自分が周りからどのようにみられているのかを気にしだします。苦手なことがある場合，苦手意識をもたないように，できることは認め，苦手なことであっても少しずつ頑張れるように支援していくことも大切です。苦手な場面では，子どもがどのようにすれば達成感をもてるかを考えてかかわることも，大切な支援です。そして，他の子どもたちにも，頑張っている子どもを一緒に応援できるようなかかわりをもっていくことに気を配りましょう。保育者の子どもたちへの日々のかかわり方で，子どもたちの今後に大きな影響を与えていくことを保育者は忘れてはならないでしょう。

また，5歳児になると，長い期間で好きなものを制作することもあります。みんなで作り上げる機会も増えてきます。保育者は，そのような子どもの姿を理解し，「昨日の続き」ができるようにかかわっていくことも重要です。一緒に同じ方向を向いて制作していくために，広いスペースを確保したり，新しい材料を用意したりして，子どもの意欲や想像力が育めるように，また完成できるように，準備していくことも大事な援助の一つです。

この頃の子どもたちは，文字や数にも興味をもち始めます。野菜の育て方や，虫の育て方など，文字で書いておくのもよいでしょう。読む子ども，それを聞く子どもがいて一緒に遊ぶこともあります。大切なのは，文字を知らせることではなく，興味がもてるようにかかわること，環境を用意することです。また，収穫したジャガイモの数を一緒に数えるなども，遊びの中で数に興味をもてるよい機会と捉えてかかわることが大切です。時には，遊びの中で，重い，軽い，長い，短い，多い，少ないなどの対比する言葉を使うこともよいでしょう。

子どもたちの揉め事などは，3歳児や4歳児では保育者が中に入ってかかわることがありますが，5歳児になると，自分たちで解決方法を考えることが多くなってきます。ここでは，「○○君だめでしょう」「○○ちゃん，約束したでしょう」と保育者が言うのではなく，子どもたちに任せて見守る姿勢も大切です。子どもたちを信じて待つことも，保育者に求められる支援と援助でしょう。

5歳児になると，小学校への接続も，具体的に視野に入れていきましょう。「育みたい資質・能力及び幼児期の終わりまでに育ってほしい姿」は，中央教育審議会教育課程企画特別部会において示されています。三つの柱として「何を知っているか，何ができるか（個別の知識・技能）」「知っていること・できることをどう使うか（思考力・判断力・表現力等）」「どのように社会・世界とかかわり，よりよい人生を送れるか（学びに向かう力，人間性等）」という項目が，18歳までの成長を見通して示されています（中央教育審議会教育課程企画特別部会, 2015）。これは，就学前までに育っていてほしいということと，それ以降の育ちが続いていることを示しています。小学校への接続というと，難しく考えがちですが，保育者は，子どもが小学校入学を楽しみにできるようなことを考えて保育していきましょう。小学校側には，心配な子どものことや，配慮の仕方などを伝えることも大切です。子どもたちが，スムーズに小学校に慣れていけるようにしっかり伝えましょう。

第3節　特別な支援が必要な子ども

■3-1　特別な支援が必要な子どもの姿

特別な支援が必要な子どもの姿はさまざまです。一見してわからなくても深くかかわると支援が必要だとわかるときもあります。ここでは，一つの例として，自閉症スペクトラム障害（ASD）について述べていきます。子どもの様子としてわかりやすいのは，対人関係で臨機応変に対応するのが苦手というところです。また，特定のものに強いこだわりがあり，たとえば，ずっと水が流れているのをただひたすら見ていたり，電車のおもちゃにこだわりがあり，それしか見なかったりします。ただし，興味があって水の流れを見ている，電車のおもちゃをずっともっているだけでASDというわけではありません。強くこだわるところが，だれが見てもこだわりが強い，こだわり過ぎるところがあるということです。さらに，融通が利かないところもあります。ただし，個々によって，このすべてが当てはまる場合もあれば，どれか一つのみ当てはまる場合もあります。ASDも個人差があるということです。

■3-2　特別な支援が必要な子どもの環境

環境構成は，とても重要です。視覚からわかることが多く，視覚から理解できる場合があり，環境を変えることで，子どもも理解し，動きやすくなります。タイムテーブルを作って示しておくこと

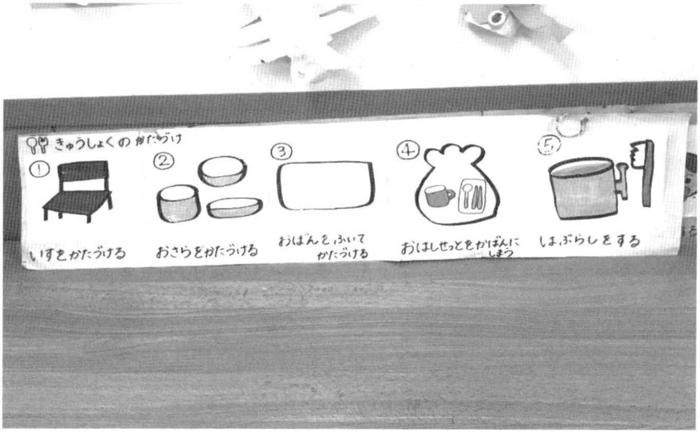

図 8-9　給食の片づけ方（流れを説明）

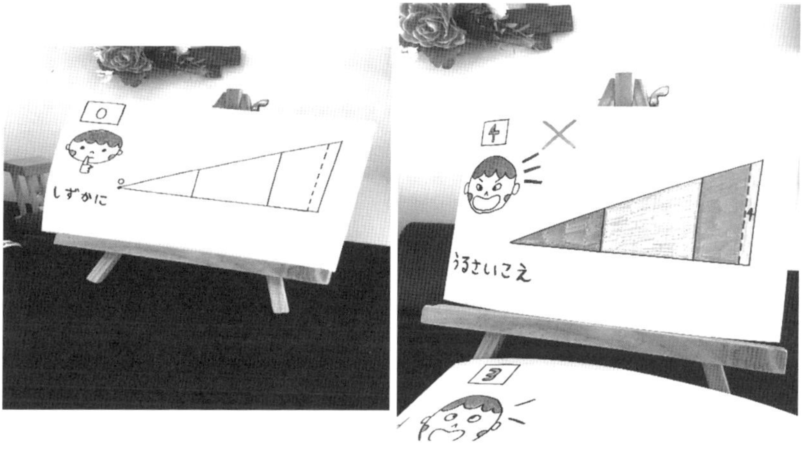

図 8-10　声カード（視覚的に声の大きさを伝える）

もよいでしょう。次に何をするのかわかると，子どもは安心します。図 8-9 のように視覚的に示しておくと，これが終わると次はこれをするということがわかると，スムーズに動くことができます。また，図 8-10 のような声の大きさカードは，子どもにとって，視覚から声の大きさを変えることもできるので，よい方法といえるでしょう。個々の子どもの様子を見て，試行錯誤しながら，子どもが理解しやすい環境を整えていきましょう。

■3-3　特別な支援が必要な子どもの援助

援助方法としては，個々の子どもに寄り添い，無理をさせないことです。無理に遊びをやめさせたり，無理に運動会の練習をさせたりせず，その子どもの様子を見ながら，できる範囲で援助しながら，少しずつ，納得できるように支援していきます。子ども自らの力を出せる支援が重要です。また，子どもの感情を理解しやすくするために，「笑顔」「泣く」「怒る」「普通」「？」などの「感情カード」を子どもにもってもらいます。あるいは，保育者がもっておいて，「今はどんな気持ち？」と尋ね，子どもにカードを指差してもらうと，子どもの気持ちに寄り添うことができるので，的確な援助ができるでしょう。

第４節　今後の課題

保育者としての課題はその時々によって変化するものもあれば，常に課題と捉えていかなければいけないこともあるでしょう。保育者として子どもや保護者とかかわる中で，どのようにかかわればよいのか，今は，そっとしておく時なのか，緊急性が高いものなのかなど，保育者としてどうすればよいのかと考えると，数えきれないほどの課題があります。

また，時代や環境の変化などから，子どもたちや保護者の考え方が変わっていくことで，何が正しいのかわからなくなることもあるでしょう。完璧な保育者はいません。保育者も一人の人間です。一人で悩まず保育者同士が協働することは，お互いにとってとても大切なことです。自分の保育者としての力となる学びを大切に学び続けることが，保育者としての自信にもつながります。そして，共に子どもを育てるために，保護者と連携することで，子どもの育ちをより豊かにします。子育て支援をすることで，保護者の家庭での子育てでの辛さが楽になることもあります。そうすることによって，保育者もまた，気持ちが楽になってきます。ここでは，協働すること，保護者との連携・子育て支援，学び続けることについて述べていきます。

■4-1　協働すること

保育者同士が連携し合い，協働して子どもを育てることは，とても大切なことです。自分のクラスの子どもだけを育てるのではなく，隣のクラスの子どもも同じように共に育てていきましょう。とはいえ，常に他のクラスを見ることは難しいことです。たとえば，気が付いたら隣のクラスの子どもが，自分のクラスの子どもと一緒に園庭にいた場合，担当先生に知らせる，または，子どもによっては保育室に入るのが嫌であった場合には，自分のクラスの子どもとともに遊ぶこともよいのではないでしょうか。自分のクラスの子どもが，すぐに保育室から出て行ってしまう場合は危険なので，園全体で見てもらうようにしましょう。園全体で子どもを育てる姿勢が求められます。個人差の大きい時期の子どもを預かり，保育，教育していきますので，保育者は，共に協働することがとても大切です。「自分のクラスの子どもだけ育てたらよい」と思う保育者が稀にいますが，それでは，子どもにも隣のクラスのお友達はどうでもよいと思われてしまうものです。保育者自身が自然にどの子どもにもかかわり，どの子どもの成長も共に喜べることが，他者への想いを馳せることができる子どもの育ちへとつながっていくのです。

■4-2　家庭との連携と子育て支援

同居する家族が少なくなり，核家族が増えている中で，子育てが「孤育て」となっている場合があります。子育てに悩むことがあっても，相談できるのは保育所や幼稚園などの担当の保育者しかいないこともあります。保育者は，保護者の悩みや心配事に真剣に向き合い，耳を傾け，悩んでいること，心配していることに寄り添い，共感しながら丁寧に対応していくことが重要です。子育てをしている保護者の背景にも目を向け，各家庭によって子育て支援の仕方を変える必要もあるでしょう。深刻な悩みを抱えていることもあることを見逃さないように気を付けましょう。保護者が疲れていると，子どもにも影響があることもあります。子どもを園で預かっているときに，子どもにしっかりと寄り添い，子どもの気持ちを安定させられることで，保護者の疲れが減ることもあります。子どもの様子を伝えて「家で見てあげてください」と，保護者側にすべてを預けてしまうと，保護者が疲れ切ってしまい，逆に子どもによい影響が出ないことがあることを理解しておきましょう。

さらに，子どもを育てていく上で，家庭との連携はとても重要です。個々の子どもの育ちにかかわりあう家庭との連携は，共に子どもを育てる上では欠かせないことです。園で何があったのか，どのようなことができるようになったのか，逆に今までできていたことが難しくなったことなどを伝えていきましょう。喧嘩をして子ども同士でぶつかり合ったことや自分は我慢してお友達を助けてあげられたこと，新しい発見をして学び取れたこと，食べられなかった野菜が食べられるようになったことなど，多くの出来事が園であるでしょう。それが何気ない些細なことであったとしても，家庭につなぐことは，より豊かに子どもを育てることになります。家庭からの相談や連絡は，保育者として聞いておくことが大切です。

クラス全体のお知らせとして「園だより」「クラスだより」などがあります。最近はパソコンで作る園も多くなってきました。クラスだよりでは，今，子どもたちの中で流行っている遊びや，みんなで歌っている歌の紹介，手遊びの紹介などを書くことにより，保護者は園の様子を知り，時には家庭の中で一緒に歌う，手遊びをすることもできます。ただの「園だより」「クラスだより」ではなく，家庭との架け橋になるものと考えて，「おたより」を作成しましょう。保護者はこのおたよりをとても楽しみにしています。

■4-3　学び続けること

保育者は，保育に慣れてくると，「これでよい」と思ってしまうことがあります。子どもを取り巻く環境は時代によって，世代によって，さまざまな影響を受けて変化します。また，そのことにより，子どもや保護者の様子も変化していきます。保育者は，自分の保育や教育に自信をもつことも大切ですが，常に探求心をもって学び続けていくことが求められます。同じ子どもは一人としていません。個々の子どもへの対応や保育や教育は，100 人いれば 100 とおりあるのです。どの子どもにも同じ，どんな時も同じ保育や教育では，子どもの豊かな育ちにつながらないでしょう。保育者は，他の園ではどのような保育をしているのか，他のクラスではどのような保育をしているのかなど，常に学ぶ姿勢が必要です。園での研修会や市町村の研修会などには，積極的に参加して学び続けましょう。学びは，自分の保育や教育の力となっていきます。保育者同士の協働性を培い，家庭との連携と子育て支援をよりよく進めていくためにも，力がなくならないように，また，力がなくなっていることに気づかなくなってしまわないように，学び続けましょう。保育者は常に子どもとかかわりあい，子どもの成長とともに保育者も成長していくのです。共に育ちあうための保育者の学びはとても大切です。

【引用・参考文献】

秋田喜代美・増田時枝・安見克夫・箕輪潤子［編］(2018).『保育内容環境［第3版］』みらい.

阿部和子 (2020).『子ども家庭支援論――子どもが子どもの生活をするために』萌文書林.

阿部和子・梅田優子・久富陽子・前原　寛 (2012).『保育者論』萌文書林.

阿部和子・前原　寛・久富陽子・梅田優子 (2019).『改定　保育内容総論――保育の構造と実践の探求』萌文書林.

岩間伸之 (2008).『対人援助のための相談面接技術――逐語で学ぶ 21 の技法』中央法規出版.

大橋喜美子 (2011).『乳幼児の発達と保育 (3 巻)』(DVD) 制作著作：株式会社医学映像教育センター.

尾崎康子・小林　真・水内豊和・阿部美穂子［編著］(2018).『よくわかる障害児保育［第2版］』ミネルヴァ書房.

金子龍太郎・吾田富士子 (2021).『保育に役立つ！　子どもの発達がわかる本』ナツメ社.

菊野春雄 (2016).『乳幼児の発達臨床心理学――理論と現場をつなぐ』北

大路書房.
厚生労働省［編］(2018).『保育所保育指針解説――平成30年3月』フレーベル館.
高山静子 (2021).『改訂　環境構成の理論と実践――保育の専門性に基づいて』郁洋舎.
谷村宏子［編著］(2018).『保育内容の指導法』ミネルヴァ書房.
中央教育審議会教育課程企画特別部会 (2015).『新しい学習指導要領等が目指す姿』〈https://www.mext.go.jp/b_menu/shingi/chukyo/chukyo3/siryo/attach/1364316.htm (最終確認日：2023年3月28日)〉
内閣府 (2018).『幼保連携型認定こども園教育保育要領解説――平成30年3月』フレーベル館.
永富大舗・原口英之［編著］(2021).『保育者ができる気になる行動を示す幼児への支援――応用行動分析学に基づく実践ガイドブック』学苑社.
西尾祐吾［監修］(2019).『保育者の協働性を高める子ども家庭支援・子育て支援――「子ども家庭支援論」「子ども家庭支援の心理学」「子育て支援」を学ぶ』晃洋書房.
野津直樹・宮川萬寿美［編著］(2020).『保育者論――主体性のある保育者を目指して』萌文書林.
ピアジェ, J. ほか／森　楙［監訳］(2013).『遊びと発達の心理学』黎明書房.
松岡宏明 (2017).『子供の世界・子供の造形』三元社.
無藤　隆［編著］(2018).『幼児期の終わりまでに育ってほしい10の姿』東洋館出版社.
無藤　隆・岩立京子 (2007).『領域　人間関係』萌文書林.
無藤　隆・古賀松香［編著］(2016).『実践事例から学ぶ保育内容　社会情動的スキルを育む「保育内容・人間関係」――乳幼児期から小学校へつなぐ非認知能力とは』北大路書房.
文部科学省 (2018).『幼稚園教育要領解説――平成30年3月』フレーベル館.
湯汲英史 (2015).『0歳～6歳　子どもの社会性の発達と保育の本』学研教育みらい.
湯汲英史 (2018).『0歳～6歳　子どもの発達とレジリエンス保育の本――子どもの「立ち直る力」を育てる』学研教育みらい.

事項索引

人名索引

著者紹介（* は編著者，執筆順）

佐野美奈（さの・みな）*
常葉大学保育学部教授
専門分野：音楽教育学，幼児教育学
主著・論文：
Atila Yildirim Ed., *Current Research in Language, Literature and Education*, Vol. 7., BP International, 2022.（共著）
E. Seda Koc Ed., *Modern Perspectives in Language, Literature and Education*, Vol. 7., BP International, 2021.（共著）
佐野美奈・佐橋由美・田谷千江子『乳幼児のための保育内容　表現——身体・音楽・造形』ナカニシヤ出版，2019 年（共著）
本書担当章：1 章，4 章

小林みどり（こばやし・みどり）
佛教大学教育学部教授
専門分野：幼児教育学，保育カリキュラム
主著・主論文：
小川圭子・日坂歩都恵・小林みどり編著『シリーズ保育実践につなぐ　保育内容総論』みらい，2021 年（共著）
田中亨胤・三宅茂夫編著『シリーズ知のゆりかご　教育・保育カリキュラム論』みらい，2019 年（共著）
田中亨胤・尾島重明・佐藤和順編著『MINERVA 保育実践学講座第 2 集　保育者の職能論』ミネルヴァ書房，2006 年（共著）
本書担当章：2 章，3 章

田谷千江子（たや・ちえこ）
京都西山短期大学非常勤講師
専門分野：乳児保育学，幼児教育学
主著・主論文：
佐野美奈・佐橋由美・田谷千江子『乳幼児のための保育内容　表現——身体・音楽・造形』ナカニシヤ出版，2019 年（共著）
「子どもと音楽——幼児期児童期に望ましい音楽経験」子ども研究，5 巻，2016 年
「地域子育て支援の現代的意義と今後の展開——乳幼児を抱える家庭に対する親施策の在り方」同志社大学政策学会論集 vol.2，2013 年
本書担当章：5 章

奥井菜穂子（おくい・なほこ）
大阪樟蔭女子大学児童教育学部准教授
専門分野：発達心理学，社会的養護
主著・主論文：
「小規模化を進める乳児院の養育における個別性と共同性――職員へのインタビュー調査による語りの分析」福祉心理学研究，18巻，2021年
「乳児院職員の語りからとらえる養育のパースペクティブ――子どもの将来を見据えた今」大阪樟蔭女子大学研究紀要，11巻，2021年
子安増生・明和政子編著『教職教養講座第9巻　発達と学習』協同出版，2017年（共著）
本書担当章：6章，7章

中山美佐（なかやま・みさ）
大阪樟蔭女子大学児童教育学部専任講師
専門分野：保育・幼児教育学
主著・論文：
中山美佐・山本一成「保育者養成校での子育て支援――「母親が学生に語る」ことから得られるもの」大阪樟蔭女子大学紀要，9巻，2019年（共著）
中山美佐・山本一成・濱谷佳奈・小野寺香・村井尚子・坂田哲人「リアリスッテイック・アプローチを用いた教職実践演習についての研究」大阪樟蔭女子大学研究紀要，7巻，2017年（共著）
「幼稚園教育実習での手遊びの内容と位置づけについての考察――幼稚園実習を終えてのアンケートから」子ども研究，7巻，2016年
本書担当章：7章，8章

乳幼児保育における遊びの環境と援助
主体的な学びを導くために

2023 年 6 月 20 日　　初版第 1 刷発行

編著者　佐野美奈
発行者　中西　良
発行所　株式会社ナカニシヤ出版
〒606-8161　京都市左京区一乗寺木ノ本町 15 番地
Telephone　075-723-0111
Facsimile　075-723-0095
Website　http://www.nakanishiya.co.jp/
Email　iihon-ippai@nakanishiya.co.jp
郵便振替　01030-0-13128

印刷・製本＝ファインワークス／装幀＝白沢　正

ISBN978-4-7795-1743-3